진정성
마케팅

끌리는 브랜드를 만드는 9가지 방법

진정성
마케팅

김상훈 · 박선미 공저

21세기북스

박선미   요즘 마케팅이 길을 잃은 것 같아요. 다들 디지털 마케팅에만 집중
         하고 있잖아요. 제가 아는 어떤 회사는 3년간 디지털 커뮤니케이
         션만 했더니 브랜드의 모든 지표가 엉망이 되었다고 하더라고요.

김상훈   밀레니얼 세대와 Z세대에 대한 검증도 안 된 소비행태를 좇다 보
         니 그렇게 된 게 아닐까요? 저도 마케팅을 어떻게 가르쳐야 할지
         모르겠어요. 인플루언서 마케팅, 앰부시 마케팅 같은 편법을 버리
         고 모든 것을 처음부터 재정의해야 할 것 같습니다.

박선미   맞아요. 시대정신에 초점을 맞추어 업의 본질, 마케팅의 철학, 브
         랜드의 덕virtue을 생각해야 해요. 브랜드의 '품격'이 필요해요.

김상훈   '진정성 마케팅authenticity marketing'을 해야 하는 거죠. 말로만
         떠드는 마케팅이 아니라 핵심에 집중하고 진정한 가치real value를
         제공하는 마케팅 말이에요.

박선미　　요즘 마케팅 실무자들도 진정성 마케팅 이야기는 많이 하는데 정작 어떻게 시작해야 할지 모르겠어요.

김상훈　　브랜드의 진정성은 결국 인간적인 면모에 있지 않을까요? 실력이 있으면서 겸손하고 따뜻한 사람을 다들 좋아하잖아요?

박선미　　그런데 요즘처럼 소셜 미디어가 지배하는 세상에서 과연 진정성 마케팅이 먹힐까요? 착한 마케팅을 하면 그냥 묻혀 버릴 거 같아요.

김상훈　　아닙니다. 걱정하지 마세요. 요즘 소비자들이 얼마나 스마트한데요. 브랜드의 악행뿐 아니라 미담도 끊임없이 올라오잖아요. 지금부터 하나씩 살펴보겠지만 진정성 마케팅을 해서 성공한 회사들도 정말 많아요. 지금 우리 기업의 대표들과 마케팅 실무자들에게 꼭 필요한 개념이 진정성 마케팅입니다.

왜 진정성 마케팅인가

"마케팅은 사기다."

"마케팅은 교묘한 포장술이다."

"마케팅은 낚시다."

서울대학교 학부생들이 "마케팅이란 무엇인가?"에 대해 내놓은 답변입니다. 저는 학부생을 대상으로 하는 강의에서 매번 이 질문을 첫 리포트 과제로 내주는데, 요즘 들어 '마케팅은 사기다'라는 식의 부정적인 답변이 눈에 띄게

늘고 있습니다. 기업 임원들께 같은 질문을 던지면 "마케팅은 고객의 니즈를 제대로 파악해서 시장을 세분화하고…" 하면서 아주 길게 말씀하는데 학생들은 전혀 다르게 생각하는 것 같습니다. 아직까지 직장 생활을 하며 뭔가를 '팔아본' 적이 없어서일까요? 학생들의 대답은 소비자의 목소리를 정확히 대변하고 있습니다.

마케팅은 이제 아주 부정적인 단어가 되었습니다. "그거 마케팅이야" "그건 광고잖아"라는 말이 심심치 않게 들리는데, 광고의 효과가 왜 점점 떨어지는지 알 것 같습니다. 백화점 카탈로그나 마트 광고 한편에 미세한 글씨로 된 "실제 제품은 이미지와 다를 수 있습니다"라는 경구를 한 번이라도 본 사람은 그 순간부터 광고에 대한 불신을 영영 떨칠 수 없게 됩니다.

『나는 왜 루이비통을 불태웠는가Bonfire of The Brands: How I Learnt to Live Without Labels』의 저자 닐 부어맨은 일종의 '브랜드 중독자'였습니다. 그런데 랄프로렌 양말을 신고 있으면

교통사고로 응급실에 가더라도 간호사에게 좋은 인상을 남길 것이라 말하던 그가 갑자기 "브랜드가 자아를 실종시켰다"라고 주장하면서 돌연 브랜드와의 결별을 선언합니다. 느닷없이 철학자가 된 그를 비판하는 목소리도 있었지만, '인간성'의 상실이 마케팅 때문이라는 다소 황당한 논리에 공감하는 사람이 의외로 많았습니다. 결국 부어맨은 루이비통을 포함한 자신의 명품 브랜드들을 런던의 한 광장에 쌓아 놓고 불을 질렀습니다. '브랜드 화형식'이 거행된 것입니다. 그리고 그는 험난한 노브랜드의 삶을 몸소 실천하고 있습니다. 사회운동가 나오미 클라인도 백만 부가 넘게 팔린 책 『슈퍼브랜드의 불편한 진실No Logo』에서 가격 거품을 만드는 브랜드를 감시하자고 주장하면서 로고와 브랜드 심벌 마크부터 당장 뗄 것을 제안했습니다.

이러다 실리콘밸리의 전설적인 컨설턴트 레지스 메케나의 말처럼 '마케팅의 종말The End of Marketing'이 곧 닥쳐올지도 모르겠습니다. 잘 생각해 보면 재앙은 마케터가 자초

한 것입니다. 과도한 마케팅, 허위와 과장, 가짜 상품과 눈속임, 지켜지지 않은 약속(맥도날드의 부사장이었던 래리 라이트는 브랜드를 '약속'이라고 정의했습니다)으로 인해 마케팅이 거짓말이 되어 버린 것입니다. 낮은 품질을 마케팅으로 '감추고', 현란한 캠페인으로 거품을 만들다가 역풍을 만난 것이죠.

하지만 마케팅은 절대 사기가 아닙니다. '좋은 제품을 어떻게 잘 알릴 것인가' 하는 것이 마케팅의 사명입니다. 그래서 마케팅에는 당연히 '진정성'이 있어야 합니다. 그런데 마케팅이 진정성을 잃어가니까 '진정성 마케팅'이라는 용어가 생겼습니다. 진정성과 마케팅이 어떻게 하나로 묶일 수 있느냐고 지적하는 분들이 종종 있는데, 진정성 마케팅은 모순어법oxymoron이 아니라 동어반복tautology인 것입니다.

———————————

요즘 소비자들은 아주 까칠합니다. 예전 같으면 봐주고 넘어갔을 것들을 절대 봐주지 않습니다. 광고에서 새로 분양하는 아파트가 살기 좋다고 말한 이영애 씨가 진짜 자기 아파트 사느냐고 따지고, 인사돌 광고 모델인 최불암 씨가 진짜 그 약을 사용하느냐고 묻습니다. 그래서 삼성물산은 '우리 광고 모델은 직접 살아보고 광고를 찍는다'며 신민아 씨가 래미안 아파트에 72시간 동안 사는 실제 영상을 찍어 공개했습니다.

미국에서도 콜롬비아 커피의 상징이 된 콧수염 아저씨 후안 발데스가 농부도 아니고 콜롬비아인도 아니라는 사실이 뒤늦게 밝혀져 문제가 되었습니다(참고로 후안 발데스는 직접 손으로 커피를 재배하고 나귀를 끌고 다니는 성실하고 인간적인 모습으로 많은 사랑을 받았습니다). J.C. 페니라는 백화점에서 메모리

얼 데이(미국의 전몰자 추도기념일)에 애국 마케팅을 한답시고 판매한 티셔츠 '어메리칸 메이드^{American Made}'가 멕시코에서 만들어졌다는 이유로 소비자들의 거센 항의를 받았습니다. 이런 사례에서 알 수 있듯이, 소비자들의 눈높이가 높아졌습니다. 기업들은 사회적인 이슈에 민감해야 하며 '정치적으로 옳은^{politically correct}' 커뮤니케이션을 위해 늘 신경을 곤두세워야 합니다.

샌드위치 가게인 서브웨이에는 '풋롱^{Footlong}'이라는 제품이 있습니다. 발 길이 정도로 길다는 뜻으로 볼 수도 있고 1피트 길이를 의미하는 것으로 이해할 수도 있습니다. 그런데 이 제품을 사간 고객이 줄자로 재어 보니 1피트에서 1인치 부족한 11인치였습니다. 소셜 미디어에 올라온 이 사진을 본 고객들의 항의가 빗발치자 이 회사가 긴급 해명을 했습니다. "우리 매장의 인기 상품인 풋롱은 제품에 대한 설명적 명칭^{descriptive name}이지 길이의 측정 단위^{measurement of length}가 아님을 밝힙니다"라고 말입니다. 이 해명은 소비자들의 분노에 기름을 부었고 결국 최고 경영진은 머리 숙여 용서를 구했습니다.

언젠가 한 기업인이 저에게 "요즘 마케팅은 한마디로 뭔가요?"라고 물은 적이 있습니다. 저는 잠시 생각하다가 "사과apology의 기술 아닐까요?"라고 답변했는데 지금 생각해도 잘 대답한 것 같습니다. 브랜드 명성의 위기, 불신과 폭로의 시대에 아무리 조심한다고 해도 사과할 일이 생깁니다. 그때가 왔을 때 '논리적인 해명'은 결코 정답이 아닙니다. 소비자가 원하는 것은 '진정성 있는 사과와 실질적인 보상'이지 변명이 아니거든요. 사과가 우선이고 해명은 그 다음입니다.

"소비자는 왕이다"라는 말이 있었습니다. 그런데 이제는 소비자가 '신god'이 되었습니다. 소비자는 '전지전능'하기 때문입니다. TV, 잡지 등의 매체 광고를 통해 소비자와 일방적인 소통을 하던 시절, 기업들은 제품의 강점만 이야기하고 약점은 감출 수 있었습니다. 하지만 수많은 소셜 미디어에 올라오는 사용 후기를 통해 진실을 확인할 수 있게 된 후로, 그런 '정보 비대칭^{information asymmetry}'이 완전히 사라졌습니다. 제품의 장점을 과장하거나 단점을 숨길 수도 없게 된 것이죠. 스마트해진 소비자들이 파워를 가지게 되었습니다. 소비자를 절대 우습게 보면 안 됩니다.

진정성 마케팅의 의미

'진정성^{authenticity}'이란 말은 그리스어 '어센티코스^{authentikos}'에서 왔습니다. 진짜 혹은 진품을 뜻하는 말로, 진실성, 일관성 등의 의미로 개인적 특질이나 행동, 관계 지향성 등 매우 다양한 차원에서 사용되고 있습니다. 한자어로는 두 개의 버전이 있는데, '진실하고 바르다'는 의미로 眞正性이라고 쓰고 '참된 마음'이라는 뜻으로 쓸 때는 眞情性

이라고 쓰기도 합니다. 진정성의 의미가 다양한 만큼 진정성 마케팅의 의미도 다면적입니다.

저는 진정성 마케팅의 사례를 수집하는 과정에서 두 가지 사실을 발견했습니다. 첫째, 진정성 마케팅은 '굿 프로덕트good product'에서 시작됩니다. 품질이 좋고 가격도 착한, 좋은 제품과 서비스는 진정성 마케팅의 필요조건입니다. 그리고 좋은 제품을 제대로 알리는 커뮤니케이션은 충분조건입니다. 상품의 부족함을 채우려는 마케팅은 '사기'에 더 가깝습니다.

둘째로 진정성 마케팅은 '굿 컴퍼니good company'가 하는 마케팅입니다. 스티븐 오버먼은 『양심 경제The Conscience Economy: How a Mass Movement for Good Is Great for Business』라는 책에서 "착한 것이 멋진 것이다"라고 하면서 앞으로는 평판이 나쁜 기업이 결코 돈을 벌 수 없을 것이라 예언했습니다.

그런데 가만히 생각해 보면 요즘 '굿 프로덕트'는 너무 많습니다. 품질 차별화differentiation가 점점 어려워지는 상황입니다. 당신은 어떤 승용차, 어떤 컴퓨터, 어떤 스마트폰, 어떤 운동화의 성능과 품질이 우수하다고 생각하시나요? "각자의 단점을 열심히 보완하다 보니 모든 제품이 똑같아 졌다"고 하버드 비즈니스 스쿨의 문영미 교수는 『디퍼런트 Different: Escaping the Competitive Herd』라는 책에서 이야기했습니다. 품질 차이가 사라진 시대, 소비자들은 더욱 '기업 브랜드'에 의존하게 되었습니다. 좀 더 정확히 말해 '어떤 제품'이 더 좋은가 보다는 '누가 만드는가'에 관심을 두게 되었다는 뜻입니다. 미국 전자제품 양판점 베스트 바이Best Buy의 한 직원이 스마트폰의 사양을 아무리 비교해도 막무가내로 아이폰을 사겠다고 우기는 고객을 비하하는 동영상을 올렸다가 해고된 사례가 있습니다. 제품은 뭐 어차피 그게 그거라는 생각들이 많아지면서 이제는 '취향taste'에 따른 선택이 이루어지고 있고, 그 취향의 배경에는 특정 브랜드에 대한 팬심과 무한 신뢰가 있습니다.

진정성 마케팅은 '기업 브랜드 이미지' 전략이라고 할

수 있습니다. 그리고 그 이미지는 기업의 탄생 스토리, 철학, 실력, 성격, 개성, 열정, 소통 능력 등과 관련되어 있습니다. 기업은 이제 제품의 장점^{what}을 떠드는 것보다 자신이 누구인가^{who}를 알리는 커뮤니케이션에 공을 들여야 합니다. 다행히 이런 커뮤니케이션을 잘 하는 기업들이 꽤 많습니다. 그리고 이들은 소비자들의 '사랑'을 많이 받고 있습니다. 이 기업들의 '지혜'를 소개하는 것이 이 책의 목적이고, 사랑받는 브랜드들이 아주 많아지는 것이 저자들의 바람입니다.

인간적인 브랜드 만들기

'휴머노이드'는 인간의 모습을 한 '인간형' 로봇을 말합니다. 로봇에 대한 거부감을 낮추기 위해 순진한 얼굴을 하고 있는 페퍼^{Pepper} 같은 휴머노이드는 어린이들도 엄청 좋아합니다. 기업 브랜드도 인간적인 모습을 갖추면 소비자들이 더 좋아하지 않을까요?

태어나면서부터 사람은 누구나 이름이 생기고 스토리가 생깁니다. 누군가에게 관심이 생겼을 때 묻는 첫 질문은 대개 어디 출신이냐는 물음이고, 자라온 배경이나 고유한 경험에 대한 스토리는 상대에 대한 이해와 애정의 기초가 됩니다. 기업이나 브랜드의 흥미 있는 탄생 스토리도 마찬가지로 브랜드에 생명력을 부여합니다. 나폴레옹의 왕관을 제작해 명품 브랜드로 성장한 주얼리 브랜드 쇼메의 이야기, 뉴욕에서 약국으로 출발한 화장품 브랜드 키엘의 스토리는 이들 브랜드의 정체성을 형성하는 핵심 기둥입니다.

뚜렷한 인생 철학이 있는 사람은 많은 이들의 사랑을 받습니다. 브랜드도 마찬가지입니다. "저스트 두 잇 Just Do It"은 나이키의 철학을 요약한 구호로, 나이키가 오랜 기간 소비자의 사랑을 받은 이유입니다. 환경 문제 등 사회적 이슈에 의견을 표출하고 행동하는 의식 있는 사람들이 존경을 받듯이, 이른바 '개념 있는' 브랜드는 존경을 받습니다. 기초 화장품 브랜드 도브가 '진정한 아름다움'에 대한 화두를 던지고, 아웃도어 브랜드 파타고니아가 의류 재활용 캠페인을 펼치고 있는 이유입니다.

우리는 실력자들을 좋아하는 만큼, 겸손한 사람도 좋아합니다. 그래서 어떤 브랜드는 탁월한 실력을 드러내고, 어떤 브랜드는 담담하게 자신의 약점을 인정합니다. 인지도 낮은 브랜드가 바이럴 영상 하나로 놀라운 제품 성능이 알려지면서 대박 브랜드가 되기도 하고, '적정 품질'의 초저가 상품을 개발하여 조용히 시장을 파고들기도 합니다.

또한 품질보다 '취향'에 따른 선택이 중요해지면서 틈새 시장을 노리는 개성만점 브랜드들이 약진하고 있습니다. 좀 유별나긴 해도 분위기 메이커 역할을 하는 재미있는 친구 같은 브랜드라고 할까요? B급 같기도 하고 때로는 덕후 코드를 자극하기도 하는 이런 브랜드들은 이른바 '있어빌리티'를 높이기 때문에, 적극적으로 소비자와 소통하는 '수다쟁이' 브랜드와 함께 소셜 미디어의 혜택을 가장 많이 받고 있습니다.

따뜻하고 친절한 사람, 동심을 잃지 않은 순수한 사람을 싫어하는 분은 없을 것입니다. 또 어려운 환경 속에서 열정을 가지고 고군분투하는 언더독^{underdog}도 많은 지지를 받습니다. 브랜드도 마찬가지입니다. 힘들고 지친 삶에 대한 공감을 주제로 한 박카스 광고가 매번 좋은 평가를 받고, 지금은 NBA 스타 플레이어가 되었지만 무명선수였던 스테판 커리를 후원하며 언더독 이미지를 자처했던 스포츠웨어 브랜드 언더아머도 큰 사랑을 받게 되었습니다.

사랑받는 사람들처럼 브랜드도 사랑받는 이유가 있습니다. 그리고 그것은 하나같이 진정성에 뿌리를 내리고 있습니다. 앞서 설명한 인간적인 모습들은 기업 브랜드가 가장 욕심내야 할 성품들입니다. 모든 장점을 갖춘 '이상적인' 사람이 드문 것처럼, 브랜드도 모든 것을 갖추려고 하기보다는 자신의 고유 가치와 강점에 집중하여 진정성 마케팅을 펼쳐야 합니다.

나는 과연 어떤 사람(브랜드)이 되어야 할까요?

CONTENTS

1장   Be ORIGINAL
탄생 스토리가 있는 브랜드

2장   Be RELEVANT
철학이 있는 브랜드

Be ORIGINAL

탄생 스토리가 있는 브랜드

#브랜드_헤리티지

#역사와_전통

#시대성과_지역성

#원조

#레트로

#창업주_스토리

#노스탤지어

#브랜드_고고학

#헤리티지_매니지먼트

브랜드 헤리티지를
관리하라

프랑스 파리에 방돔 광장이란 곳이 있습니다. 광장 한가운데에는 아우스테를리츠 전투에서 대승을 거둔 나폴레옹을 기념하여 세운 탑이 있는데, 이 탑은 러시아와 오스트리아 군대로부터 빼앗은 수백 개의 대포를 녹여 만든 것이라고 합니다. 44미터의 탑을 나선형으로 감고 있는 청동부조는 나폴레옹의 무용담을 표현한 것입니다.

이 광장을 둘러싼 상점들 중에 쇼메Chaumet가 있습니다. 주얼리 명품 쇼메에는 나폴레옹과의 깊은 사연이 있습니다. 쇼메의 주인 마리 에티엔 니토가 젊은 장교 나폴레옹

보나파르트를 가게에 숨겨 보살폈는데, 그 인연으로 황제에 즉위한 나폴레옹의 왕관 제작을 맡게 되었고 이후 프랑스 황실의 전속 보석세공사가 되었다는 이야기입니다. 방돔 광장의 나폴레옹 승전탑을 바라보는 쇼메 매장, 이 단순한 이미지만으로도 쇼메라는 브랜드의 역사적 진정성이 확고해집니다.

특정 시대를 배경으로 한 탄생 스토리는 브랜드 진정성의 든든한 토대가 됩니다. 브랜드의 전통과 헤리티지는 대부분 역사에 기반하고 있고, 명품 브랜드에는 하나같이 멋진 탄생 스토리가 있습니다.

탄생 스토리는
브랜드 진정성의 토대가 된다

우리는 가끔 어떤 제품을 보고 "어센틱authentic하다"고 말할 때가 있습니다. 이때의 '어센틱함'이란 오리지널의 느낌, 즉 오래전에 이 제품이 처음 등장했을 때의 고전적인 느낌과 관련 있는 것 같습니다. 그리고 오리지널리티는 단순한 '오래됨'이 아니라 어떤 원형prototype을 가지고 오랜 세월 원칙principle을 지키면서 인내와 숙성의 시간을 보낸, 멋진 브랜드의 속성인 것입니다.

1873년 최초의 '블루진'을 탄생시킨 리바이스Levi's는 정통 '어메리칸 스타일' 브랜드입니다. 독일계 이민자 리바이 스트라우스가 골드러시 때 광산 노동자의 작업복으로 발명한 이 청바지는 터지기 쉬운 바지 주머니에 구리 리벳(징)을 박고 이중박음질 처리를 해서 내구성을 극대화했고, 그 질기고 튼튼한 재질이 '강인함'이라는 이미지를 만들면서 미국의 문화적 아이콘이 된 것입니다. 리바이스는 제임스 딘, 알버트 아인슈타인, 앤디 워홀이 입었고, 마릴린 먼로도 입었습니다. '리바이스 501 버튼 플라이 레드 탭'은 150년이 된 리바이스의 전통을 이어가면서 사랑을 받고 있습니다. 최근 힙합 스타일이 유행하면서 잠시 시장점유율이 추락하기도 했지만, '빈티지' 라인을 런칭하고, 닳고 찢어진 '디스트레스트distressed' 청바지를 내놓는 등 자신의 핵심 이미지에 다시 집중하면서 재기에 성공했습니다. 브랜드 헤리티지와 현대적 감각의 밸런스를 유지하는 것이 얼마나 중요한지 잘 보여 주는 사례입니다.

이름만으로도 향수nostalgia를 자극하는 리바이스의 브랜드 스토리는 진정성 마케팅에 시사하는 점이 아주 많습니다. 탄생 스토리와 역사, 창업자 개인의 페르소나, 유구한 제품의 품질과 이미지, 그리고 지역성locality이 그것입니다. 예일 대학의 조지 뉴먼과 라비 다르 교수는 원산지가 브랜드의 진정성에 어떤 영향을 주는지 알아보는 연구를 실시했습니다. 실험 결과, 사람들은 '샌프란시스코 발렌시아 거리에 있는 1906년에 세워진 초기 공장'에서 만든 리바이스 청바지에 대해 '1996년 해외에 설립된 공장'에서 제조한 청바지보다 브랜드의 진실성에 대해 훨씬 높은 점수를 주었고 더 높은 금액을 지불하겠다고 응답했습니다. 신규 공장보다 초기 공장에서 생산된 제품을 선호한다는 사실은 생산 공정이나 기술보다 브랜드 '유산legacy'에 더 높은 가치를 매긴다는 사실을 입증하는 것입니다.

지역성에서
브랜드 정통성이 나온다

화장품 회사인 키엘Kiehl은 1851년 뉴욕 이스트 빌리지 13번가에서 약국으로 시작했습니다. 진통제, 수면제와 허브 크림으로 유명하던 키엘 약국이 이제 전 세계 천여 개의 매장이 있는 글로벌 화장품 브랜드가 된 것입니다. 그런데 키엘 매장에 가면 직원들이 여전히 약사 가운을 입고 있습니다. 브랜드 히스토리history를 브랜드 정체성identity의 중심에 놓고 있기 때문입니다. 약국 옆에 있던 커다란 배나무 이야기도 키엘의 진정성을 높이는 사례입니다. 1960년대 마차에 부딪힌 후 시들시들하다가 죽어 버린 그 배나무 자리에 같은 품종의 배나무를 네덜란드에서 공수해 와서 심었습니다. 당시 뉴욕 시장이던 마이클 블룸버그가 그날을 '키엘의 날'이라고 이름 붙일 정도로 시민들이 좋아했다고 하는데요. 배나무는 키엘 약국이 지역과의 연관성을 강화하는 매개체가 된 것입니다.

'지역성'의 중요성을 일깨우는 좋은 사례가 있습니다.

바로 어그 부츠UGG boots입니다. 2차대전 때 조종사들이 신었던 퍼그Flying Ugg 부츠가 그 보온성과 흡습성으로 인해 호주에서 인기를 얻었는데, 서퍼인 브라이언 스미스가 어그 홀딩스라는 회사를 세워 어그 부츠를 세계적인 히트상품으로 만들었습니다. 이 부츠가 빅 히트를 치니까 유사 상표들이 많이 등장해서 가격 전쟁이 벌어졌습니다. 그러자 어그 부츠는 유사 브랜드와의 충분한 차별성을 확보하지 못한 채 생산기지를 중국으로 이전하는 치명적인 실수를 했습니다. '어그 오스트레일리아'로 불리던 제품이 브랜드 정체성의 핵심인 '오스트레일리아'를 스스로 버린 것입니다. 어그 부츠는 정통성에 흠이 나면서 결국 하향세를 겪어야 했습니다.

에비앙 생수는 알프스, 삼다수는 제주, 피지 생수는 이름 그대로 피지 아일랜드를 연상시킵니다. 그럼 블랙야크, 하면 어떤 장소가 떠오르나요? 아웃도어 브랜드인 블랙야크는 처음부터 히말라야를 염두에 둔 브랜드입니다. 모든 산악인이 꿈꾸는 곳, 히말라야는 힐링의 장소이고 감동적인 성취의 장소입니다. 산악인의 성지인 히말라야에서 입는 최고의 아웃도어 브랜드임을 강조하기 위해, 블랙야크는 매번 히말라야에 직접 가서 광고를 찍습니다. 히말라야 느낌이 나는 다른 장소에서 찍을 수도 있고 컴퓨터 그래픽^{CG}을 사용할 수도 있는데도 막대한 비용을 들여 굳이 히말라야에 가서 찍었습니다. 그래야 브랜드의 진정성을 전달할 수 있기 때문입니다.

창업주와 사용자 스토리로
진정성을 높인다

스토리에는 언제나 주인공이 있습니다. 그리고 브랜드 스토리에 가장 많이 등장하는 주인공은 창업주입니다. 샤넬의 창업주 코코 샤넬, 맥도날드의 창업주 레이 크록에 대한 이야기는 각각 〈코코 샤넬^{Coco Before Chanel}〉, 〈파운더^{The Founder}〉라는 영화로 제작되었습니다. 일반인들이 품질의 차이를 가늠하기 어려운 주류 브랜드의 경우 창업주와 관련된 스토리가 유독 많은 것 같습니다. 샴페인 돔 페리뇽

Dom Pérignon은 프랑스 파리 북동쪽 상파뉴 지역 오빌리에 수도원의 수사였던 피에르 페리뇽이 재원 마련을 위해 와인을 만든 것에서 비롯되었습니다. 페리뇽 수사는 훌륭한 와인을 만든 공을 인정받아 성직자 최고 칭호인 '돔Dom'이 붙은 이름을 갖게 되었고, 그것이 돔 페리뇽의 시작입니다. 뵈브 끌리코Veuve Clicquot는 27세에 과부가 되어 샴페인 제조에 일생을 바친 끌리코 퐁사르당의 호칭(뵈브는 과부라는 뜻)입니다. 스웨덴 가구회사 이케아IKEA의 브랜드 네임은 잉바르 캄프라드Ingvar Kamprad의 이름과 그가 자란 농장 엘름타리드Elmtaryd와 고향 아군나리드Agunnaryd의 첫 글자를 조합한 것입니다.

어린 시절 의붓아버지 밑에서 학대와 가난에 시달리다가, 가출 후 수많은 직업을 전전한 끝에 중년이 되어 주유소를 창업했지만 파산에 이르렀고, 65세의 나이에 차에서 숙식을 해결하며 후라이드 치킨 조리법을 팔러 다닌 사람이 있습니다. 그 조리법은 계속 퇴짜를 맞다가 마침내 1,008번째 식당에서 받아들여졌다고 합니다. 이 이야기의 주인공은 누구일까요? 바로 KFC의 창업주 커널 샌더스입니다. 흰 수

염과 검은 뿔테 안경, 흰색 정장의 멋쟁이 할아버지가 산전수전을 다 겪었다니 갑자기 달라 보이지 않나요? 이 스토리를 알고 나면 KFC의 치킨이 더 맛있게 느껴질 것 같습니다.

본인이나 이웃의 문제를 해결하기 위해 사업을 시작했다는 스토리는 브랜드의 진실성을 더욱 높입니다. 프랑스의 화장품 브랜드 라메르La Mer는 제품개발자 맥스 후버가 심각한 화상으로 생긴 흉터를 치료하기 위해 스스로 개발한 제품이며, 장수돌침대는 최창환 회장이 아픈 아내를 위해 만든 침대라고 합니다. 최근 급성장한 와비파커Warby Parker는 유통구조의 혁신을 통해 합리적인 가격에 안경을 파는 업체로, 태국 여행 중 안경을 잃어버린 친구가 비싼 가격 때문에 사지 못하고 안경 없이 지내는 것을 안타깝게 여긴 친구들이 공동으로 창업한 기업입니다.

창업주가 아니라 소비자나 사용자가 브랜드 스토리의 주인공이 되기도 합니다. 폴 로저Pol Roger라는 샴페인은 '윈스턴 처칠이 사랑한 샴페인'으로 유명합니다. 몰스킨Moleskine도 '고흐, 헤밍웨이, 피카소가 애용했던 노트'로 알려지면서 강력한 브랜드로 부활했는데요. 잊혀진 브랜드가 화려하게 부활한 것이 고작 사용자 세 명의 이름 덕이라니까 다소 황당해 보일 정도입니다. 그런데 고흐와 헤밍웨이, 피카소의 공통점이 무엇인가요? 작가와 예술가, 즉 창조자입니다. 최근 '창조적 계층'의 부상과 몰스킨의 브랜드 정체성은 이렇게 연결됩니다. 디지털 시대에 오히려 아날로그 감성이 거장들의 창의성을 소환한다고 할까요? 몰스킨 노트에 펜을 갖다 대는 순간, 창의성이 퐁퐁 샘솟을 것만 같습니다.

브랜드 아카이빙과 헤리티지 매니지먼트의 시대

시대(시간), 장소, 사람에 대한 브랜드 역사를 발굴하는 것을 '브랜드 고고학'이라 부르고, 브랜드의 유산과 자취를 찾아 보관하는 일을 '브랜드 아카이빙'이라고 합니다. 럭셔리 패션 브랜드들이 이 분야에서는 단연 앞서가는 것 같은데요. 최근 럭셔리 브랜드의 미술관 전시가 부쩍 많아졌습니다. 샤넬의 '장소의 정신(2014)', 디올의 '디올 정신(2015)', 에르메스의 '파리지앵의 산책(2016)', 루이비통의 '비행하라, 항해하라, 여행하라(2017)'와 같은 전시는 방대한 브랜드 아카이브의 체계적인 관리가 없이는 불가능했을 것입니다. 디올에는 이런 일을 전담하는 헤리티지 매니지먼트팀이 있다고 합니다.

루이비통 3대 계승자인 가스통 루이비통은 '트렁크' 관련 신문기사들을 토대로 프랑스의 소설가 11명에게 단편소설을 쓰게 했습니다. 이를테면 루브르에서 도난당한 '모나리자'나 헤밍웨이의 원고가 들어 있던 루이비통 트렁크에 대한 이야기 말입니다. 루이비통이 소설책을 낸 이유가 뭘까요? 루이비통이 그저 명품 가방이 아니라 오랜 세월을 함께한 '역사적인 문화 유산'이라는 것을 말하고 싶은 것입니다.

『스틱Made to Stick: Why Some Ideas Survive and Others Die』에서 저자 칩 히스와 댄 히스는 "브랜드에 대한 설명statement보다 스토리story가 훨씬 강력하다"고 주장했습니다. 이들은 한번 들으면 머리에 착 달라붙는 스토리텔링 기법을 제시했는데요. 논리적인 주장보다는 감정적인 경험이 접착력 stickiness이 강하고, 구체적인 수치와 디테일, 이미지를 제공할수록 강력한 메시지가 된다고 합니다. 요즘 기업들이 브랜드 박물관을 만드는 이유도 여기에 있는 게 아닐까요? BMW를 비롯한 많은 고급 승용차 브랜드가 자체 박물관을 보유하고 있고, KFC나 허쉬 초콜릿 같은 식품기업들도 테마 파크 형태의 박물관을 운영하고 있습니다.

최초로 제품을 공급했다면 '원조'를 강조하거나 기념일을 만들어 이벤트를 실시하는 것도 브랜드 정통성을 높이는 좋은 방법입니다. '원조 장충동 족발'처럼 원조라는 이름이 붙은 음식점이 너무 많아서 요즘은 어디가 진짜 원조인지 모를 지경이 되었습니다. 그만큼 사람들이 원조를 좋아한다는 사실을 말해 주고 있지요. 시애틀에 가면 파이크 플레이스Pike Place라는 곳에 스타벅스 1호점이 있는데요. 그곳은 에스프레소 커피나 머그컵을 사려는 사람들로 넘쳐납니다. 다른 매장에서도 같은 제품을 살 수 있는데 굳이 거기 가서 사는 이유는 뭘까요? 사람들이 제품 자체보다 원조 '체험'에 큰 가치를 부여하기 때문입니다.

레스토랑 체인인 하드록 카페는 개장 기념일인 6월 14일에 모든 음료를 개장 시(1971년) 가격에 판매한다고 합니다. 이 레스토랑은 런던의 원조 하드록 카페의 첫 번째 웨이트리스였던 리타 길리건을 기념하는 '리타 데이'도 만들었습니다. 창업자도 고객도 아닌 '원조 종업원'을 기념한다는 발상이 매우 참신하고 재미있습니다. 요즘 우리나라에서도 창립 20주년, 50주년 등을 기념하는 판촉 이벤트를 심심치 않게 볼 수 있는데, 과연 브랜드의 정통성과 진정성을 제대로 알리고 있는 걸까요? 아니면 그냥 때가 되면 찾아오는 홍보성 이벤트일까요? 창립이나 개장 기념일의 의미를 다시 한번 진지하게 생각하면 좋겠습니다.

브랜드 헤리티지를 표현하는 효과적인 한 가지 방법은 디자인입니다. 로고와 심벌마크, 제품 패키지의 디자인을 활용하는 것입니다. 코카콜라는 브랜드 로고와 유리병 모양을 한 번도 바꾸지 않았다고 합니다(반면에 '신세대를 위한 콜라'를 브랜드 슬로건으로 내세웠던 펩시는 디자인을 자주 바꿀 수밖에 없습니다). 브랜드의 역사와 정통성을 간직한 로고와 심볼은 자주 바꾸지 않는 것이 좋습니다.

과거의 디자인을 현대적으로 재해석하여 내놓는 경우도 많습니다. 노스탤지어 마케팅의 대명사로 불리는 폭스바겐 '뉴 비틀'과, BMW에 인수된 후 대대적인 레트로 브랜딩 과정을 거쳐 재탄생한 '미니'가 좋은 예입니다. 노스탤지어는 개인의 자기 긍정감을 높이고 자신이 사회에서 사랑받고 있다는 느낌을 불러일으키기 때문에 레트로 디자인의 상품이 잘 팔리는 것이라는 연구 결과도 있습니다. 그래서인지 스포츠 브랜드나 식품 기업들도 복고품 제품을 많이 내놓고 있습니다. '아디다스 오리지널스', '르까프 헤리티지', '리복 클래식' 등 이름만 들어도 복고 디자인임을 알 수 있습니다. 젊은 시절의 추억을 되살리며 한번 신고 싶어집니다. 해태제과는 45년 전 디자인으로 출시한 '부라보콘' 한정판을 120만 개나 팔아치웠습니다.

나만의 진짜 이야기를
찾아보자

브랜드 스토리는 진정성 마케팅의 필수 요건입니다. 하지만 스토리를 억지로 만드는 것은 곤란합니다. 『드림 소사이어티The Dream Society: How the Coming Shift from Information to Imagination Will Transform Your Business』의 저자 롤프 옌센은 이렇게 말했습니다. "스토리를 발견하십시오. 단 발명하지는 마십시오. 왜냐하면 스토리는 믿을 만한 근거가 있는 진짜여야 하기 때문입니다." 이 말은 스토리의 '진정성'을 강조한 것입니다.

멋진 제품보다 멋진 스토리를 가진 기업이 사랑받는 시대가 되었습니다. 디자이너 출신으로 카카오의 공동대표를 맡고 있는 조수용 대표는 "진짜 좋은 브랜드"를 알리기 위해 '브랜드 다큐멘터리 잡지'인 《매거진 B》를 만들어서 뉴발란스, 프라이탁, 캐나다 구스, 기네스, 라이카 등 수많은 브랜드의 숨은 스토리를 소개했습니다. 게다가 잡지의 진정성을 높이기 위해 브랜드로부터 광고 등 일체의 금전적 지원을 받지 않는다고 합니다. 만약에 이 잡지에서 당신의 브랜드를 취재하겠다고 한다면, 당신은 어떤 이야기부터 시작하시겠습니까? 지금까지 말씀드린 다양한 브랜드 스토리 요소들을 생각하면서 자기 브랜드의 역사를 찬찬히 되돌아보시기 바랍니다. 그래서 '극적인' 스토리보다 '가슴에 와 닿는' 스토리를 '발굴'하시기 바랍니다.

당신의 브랜드 스토리는 무엇입니까?

122년의 스토리텔러
활명수

최근에 브랜드나 제품의 특징을 긴 스토리에 담은 유튜브 동영상들을 자주 보는데요. 스토리의 근거가 없기 때문에 장점에 대한 설명을 늘어놓거나 5초 이내에 시선을 끌기 위한 재미와 임팩트 요소를 넣곤 합니다. 반면에, 진짜 스토리가 있는 브랜드는 주목을 유도하기 위한 액션이 필요 없습니다. 브랜드 스토리를 그대로 전하는 것만으로도 사람들의 마음을 끌 수 있기 때문입니다. 우리나라 최초의 소화제, 활명수의 탄생 스토리를 소개합니다.

활명수는 1897년 대한제국 원년에 태어났습니다. 122년이라는 세월 동안, 커뮤니케이션 스타일은 변화했지만 탄생 스토리의 원형을 이어가는 브랜드 원칙에는 변함이 없습니다. 활명수의 원칙은 국민의 애환을 달래고 일제강점기에 독립운동을 지원했던 민족정신을 브랜드 이념으로 세우고 '제약보국'이라는 사명감을 브랜드 정체성으로 지켜가는 겁니다.

우리의 근대사와 함께 걸어온 브랜드 스토리를 되돌아보면, 활명수는 모성애가 느껴지는 브랜드 같습니다. 아픈 배를 어루만지며 "엄마 손은 약손, 얼른 나아라"라고 속삭이던 어머니의 마음이 느껴진다고 할까요.

백성을 살리는 물, 活命水의 탄생

식량이 부족했던 조선시대, 한국인들은 먹을 것을 보면 무조건 먹고 보자는 습성이 있었습니다. 그러다 보니, 위장장애나 소화불량이 백성 모두의 만성질병이었고 급기야 급체나 토사곽란으로 목숨을 잃는 사람들이 늘어만 갔죠. 이때 고종 황제의 궁중 선전관이었던 노천 민병호 선생이 궁중에서만 쓰이던 생약의 비방에 서양의학을 더해 동화약방을 창업하고 '생명을 살리는 물'이라는 의미의 活命水를 만듭니다.

대한민국 제1호 상표등록 브랜드

마땅히 약이 없던 시절, 활명수는 '만병통치약' 같은 존재였습니다. 그 당시에도 생명수, 활명 회생수 등의 유사 제품들이 무려 60여 종이나 등장했다고 하니 그 인기가 상상이 됩니다. 이러한 배경하에서 1910년, 대한민국 최초로 '부채표'를 상표로 등록했고 오리지널 제품임을 알리기 시작했습니다. "부채표가 아닌 것은 활명수가 아닙니다"라는 광고 문구 기억하시나요? 이미 그때부터 상표가 사용되었다고 합니다.

독립운동의 스토리

동화약방을 창업하고 1937년까지는 민병호 선생

救急胃腸藥

活命水

활　명　수

半島男兒의 意氣衝天

株蘂顔、南昇龍南選手優勝祝賀

健康한 體力、堅忍不拔하는 耐久
力에 根源은 오직 健全한 胃腸에서
胚胎된다 健康한 朝鮮을 目標하고
다 갓치 胃腸을 健全케 하기 爲하야

活命水를
服用합시다

京城府和泉町玉番地
同和藥房 株式會社
電話 光二七一九

동화약품 활명수의 부채표 로고 변화

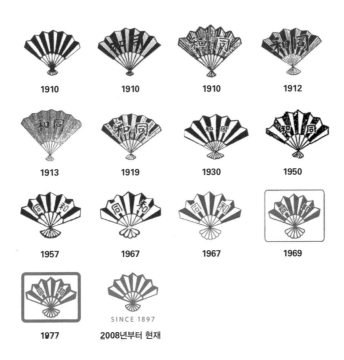

1910   1910   1910   1912

1913   1919   1930   1950

1957   1967   1967   1969

1977   2008년부터 현재

SINCE 1897

과 아들인 민강 사장이 회사를 성장시켰지만, 민강 사장이 독립운동에 헌신하면서 동화약방의 사무실을 상해임시정부 비밀연락기관인 연통부로 사용합니다. 결국 민강 사장은 활명수의 판매금액을 독립운동자금으로 지원하다 순국하게 되는데요. 그 이후, 당시 국권회복을 위한 경제적 자립이라는 취지로 설립된 조선산직장려계라는 단체에서 총무를 지낸 보당 윤창식 선생과 그의 아들이자, 광복군 중대장으로 해방조국에 귀국한 가송 윤광열 회장이 회사를 이어 가게 됩니다. 민강 사장에 이어 윤창식 사장, 윤광열 회장까지 세 명의 CEO가 독립운동에 참여했다는 스토리를 갖고 있는 동화약방은 민족자본을 키워 우리의 실력을 양성하자는 의지로 성장합니다. 현재, 동화약품의 윤도준 회장 역시 우리 역사의 유적들을 보존하고 기록을 공유하는 데 앞서고 계십니다. 우리 민족의 얼을 끊임없이 이어 온 스토리의 힘, 활명수가 우리 근대사를 상징하는 브랜드가 된 이유입니다.

보국에서 애국까지　　제약보국이라는 활명수의 브랜드 이념은 한마디로 '나라사랑'입니다. 요즘 젊은 친구들은 자신이 태어나고 자란 나라에 대한 자랑스러움을 갖고 있습니다. 기성세대와는 다른 느낌으로 애국을 의미 있게 생각하며, 역사적으로 옳은 일을 해 온 브랜드를 사랑합니다. 따라서 활명수의 애국은 우리나라를 대표하는 전통 브랜드가 젊은 세대에게 영원히 남겨줄 수 있는 스토리텔링의 좋은 주제입니다.

Old & New의 스토리: 활명수 콜라보레이션　　사람들의 라이프스타일과 식습관이 서구화된 오늘날, 활명수는 신제품 개발은 물론 유통과 소통

초창기   1962   1969   1971   1992

2004   현재

^위 제약업계와 패션업계 최초의 콜라보로 주목
게스와 콜라보레이션한 121주년 기념판
^{아래} 힙합서바이벌 프로그램 〈쇼미더머니6〉와 협업
활명수의 브랜드 가치를 힙합 음악에 트렌디하게 녹여낸 120주년 기념판

의 방식까지 새롭게 변화시켰습니다. 먼저, 전통의 디자인을 현대적으로 재해석하여 다양한 콘텐츠와 협업했는데요. 팝 아트와의 패키지 콜라보, 패션브랜드와의 콜라보, 제약업체 최초의 브랜디드 콘텐츠, 젊은 문화 코드인 힙합을 매개로 한 콜라보가 그것입니다. 동화약품 윤현경 상무님은 콜라보레이션 프로젝트 성공에 대해 '활명수가 창조하는 오늘날의 스토리는 전통의 재해석'에 있다고 강조합니다. 전통의 브랜드가 파격을 가질 때의 독특함과 역사에서 오는 신뢰감, 두 가지 요소가 하나가 되어 올드 앤 뉴의 스토리가 탄생하는 것입니다. 또한, 이렇게 콜라보로 탄생한 활명수 기념판의 판매수익금은 전 세계 물 부족 국가의 식수 개발 사업을 지원하는 사회공헌활동에 쓰이며 '생명을 살리는 물'이라는 의미를 현대적으로 이어 가고 있습니다.

2장

Be RELEVANT

철학이 있는 브랜드

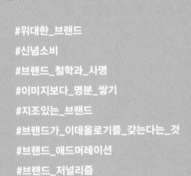

#위대한_브랜드

#신념소비

#브랜드_철학과_사명

#이미지보다_명분_쌓기

#지조있는_브랜드

#브랜드가_이데올로기를_갖는다는_것

#브랜드_애드머레이션

#브랜드_저널리즘

위대한 브랜드는
사람에 집중한다

도쿄나 오사카에 가면 반드시 찾아가는 곳이 있습니다. 바로 츠타야TSUTAYA입니다. 아마존 같은 온라인 서점의 성장으로 인해 미국 최대 서점인 보더스Borders도 문을 닫았는데 츠타야가 유독 잘나가는 이유는 무엇일까요? 츠타야를 운영하는 특이한 이름의 회사, 컬처 컨비니언스 클럽CCC의 최고 경영자인 마스다 무네아키는 이렇게 말합니다. "사람들에게 라이프스타일을 발견할 기회와 공간을 제공하고 그 문화공간을 판매가 아닌 휴먼 스케일의 관점에서 기획했기 때문입니다." 무네아키가 쓴 『지적자본론知的資本論』이라는 책에는 "CCC의 중심 철학은 '고객 가치'와 '라이프스타일 제안'이라는 두 가지 단순한 키워드로 요약된다"는 말이 나오는데, 츠타야의 멋진 공간에 빛나는 아우라의 원천이 이 회사의 철학임을 알 수 있습니다. 모든 훌륭한 사람들이 철학과 신념을 가지고 있듯이, 위대한 브랜드에는 모두 업에 대한 철학이 있습니다.

업에 대한 철학과
브랜드 슬로건

제품에 대한 브랜드의 철학은 대부분 브랜드 슬로건에 반영되어 있습니다. 나이키 하면 떠오르는 "저스트 두 잇Just Do It!" 같은 슬로건 말입니다. 나이키는 초창기에 육상 선수들을 타겟으로 마케팅을 하면서 제품의 기능성을 강조했는데 판매가 저조했습니다. 하지만 이후에 '솔로 투혼combative solo willpower'이라는 브랜드 철학을 내세우면서 서서히 인기를 끌기 시작했고, '저스트 두 잇' 캠페인은 미국의 대중이념이라 불릴 만큼 인정받는 나이키의 확고한 브랜드 철학이 되었습니다. 흑인 빈민가 출신 선수의 솔로 투혼, 여자 달리기 선수가 받는 부당한 처우, 인종차별 장벽제거 등을 다룬 메시지는 마이클 조던, 타이거 우즈, 세레나 윌리엄스 같은 스포츠 영웅들의 이미지와 중첩되면서 폭넓은 공감을 끌어냈고, 그 결과는 곧 압도적인 우위의 시장 성과로 나타났습니다. 나이키가 승리의 여신 '니케Nike'의 영어식 이름인 것은 아시지요? 나이키가 '영감'과 '투혼' 대신 '승리'와 '성공'을 강조했더라면 어떤 결과가 있었을까요?

2018년에는 나이키가 저스트 두 잇 캠페인 30주년을 맞이하여 가슴 뭉클한 광고를 제작했는데요. 인종차별에 반대하는 퍼포먼스로 국가 제창 때 무릎을 꿇어 논란이 되었던 콜린 캐퍼닉이라는 미식축구 선수를 광고 모델로 발탁하여 도널드 트럼프 대통령을 포함한 보수파의 비난을 받기도 했습니다. 하지만 나이키의 이런 결정은 자신들의 일관된 브랜드 철학을 보임으로써 이른바 '신념 소비belief-oriented consumption'를 하는 자사 고객들의 충성도를 더욱 높였습니다. 참고로 이 광고의 메시지는 "신념을 가져라Believe in Something"입니다.

  액션캠 브랜드 고프로^{GoPro}에는 "최고의 경험과 삶의 의미 있는 순간을 포착하고 나눈다"는 철학이 있습니다. 홈페이지에 제품 이야기보다 '인생'이나 '삶'에 대한 이야기가 훨씬 더 많은 이유입니다. 요즘 인기 절정의 피트니스 업체인 소울사이클^{SoulCycle}은 자신들의 프로그램이 "영감을 주는 명상적 체험"을 제공한다고 합니다. 그곳에 가면 회사에서 잃어버린 자신의 영혼을 찾기 위해 40분 동안 죽을 힘을 다해 사이클을 밟고 있는 젊은이들을 만날 수 있습니다. 소울사이클은 피트니스를 완전히 다른 개념으로 재정의하여 슈퍼팬들을 만드는 데 성공한 것입니다. 제품이나 서비스가 아니라 철학을 보여야 비로소 소비자를 팬으로 전환시킬 수 있습니다.

  마케팅의 대가인 홍성태 교수는 『모든 비즈니스는 브랜딩이다』에서 브랜딩을 '고객의 관점에서 업의 본질을 정의하는 것'이라고 했습니다. 화장품 기업인 레브론^{Revlon}이 '우리는 희망을 팝니다^{We sell hope}'라고 한 것이나, 츠타야가 '라이프스타일을 제안한다'고 한 것이나, 브랜드에 대한 철학을 '우리가 무엇을 팔고 있는가'의 기준에서 깊이 고민하고 찾았기 때문입니다. 고프로가 화질을 먼저 말하지 않고 소울사이클이 칼로리를 앞세우지 않는 것도, 제품의 본질에 집중하고 '이상적인 삶의 모습'을 자신들의 브랜드 철학으로 선택한 결과입니다.

**나만의 철학을
고집한다**

　화려한 슬로건을 내세우지 않고 묵묵히 '품질 중시'의 철학을 지켜 온 브랜드들도 있습니다. '더 잘 만들자Make Things Better'라는 단순한 미션을 조용히 수행해 온 슈즈 브랜드 팀버랜드Timberland, 인근 농장에서 직접 재배한 곡물로 19세기 전통방식의 위스키를 만드는 코퍼시Coppersea, '서비스의 품질'을 최우선으로 하여 팀 진료를 표방하는 미국 종합병원 메이요 클리닉Mayo Clinic 등이 그들입니다. 이들 중에는 자신만의 방식을 고수하면서 오랜 기간 한길을 걸어온

기업들이 많습니다. 이런 브랜드는 왠지 고집스러움과 장인 정신이 느껴져서 어느 순간 고개를 숙이게 됩니다. 유니클로의 야나이 다다시 회장은 "옷은 패션이 아니라 생활의 도구다. 품질과 성능은 극대화하고 가격은 낮추어 누구나 입을 수 있는 옷을 추구한다"고 말한 적이 있습니다.

일본의 모스 버거가 절대 고수하고 있는 두 가지 원칙이 있는데요. 첫 번째는 '주문 후 제조한다', 두 번째는 '번화가를 피한다'는 것입니다. 맥도날드처럼 빨리 만들 수는 없지만, 갓 만든 신선한 상품을 제공하겠다는 '조금 느린 패스트푸드'의 철학과, 하루 300명 내외의 고객만 최선을 다해 응대하겠다는 고집이 아주 멋집니다. 모스 버거가 일본에서 여러 차례 브랜드 매력도 1등을 차지한 데에는 이유가 있습니다.

제품의 원재료나 가공과정과 관련하여 '자연주의'의 철학을 가진 기업들도 많습니다. 멕시칸 프랜차이즈인 치폴레Chipotle는 "인격을 담은 식품Food with Integrity"을 표방하여 화학사료와 항생제를 먹이지 않고 자연방목으로 기른 닭과 돼지만 사용하는 등 아주 까다로운 기준을 지키고 있습니다. 치폴레는 기계화된 농장에 반대하는 내용의 '백 투 더 스타트Back to the Start'라는 광고를 찍어 좋은 인상을 남기기도 했는데요. 광고 상영 전에 이미 좋은 먹거리를 후원하는 재단을 만들고 치폴레가 사용하는 원재료의 출처를 소비자에게 공개하는 등 진정성 있는 활동을 펼쳤기에 광고의 반향이 더 컸던 것 같습니다.

세계 1위 요구르트 메이커인 프랑스 식품기업 다논Danone은 아이들이 즐겨 먹는 비스킷 브랜드 LU를 다른 회사에 매각했습니다. 버터가 듬뿍 들어간 과자가 '식품을 통한 건강Health through Food'이라는 기업 철학과 맞지 않았기 때문이라고 합니다. 2차대전 당시 타인의 도움으로 살아남은 유대인의 아들 다니엘 루베츠키도 '세상에 친절을 베풀자'는 철학으로 카인드 스낵스KIND Snacks라는 회사를 설립했는데, 말린 과일과 견과류로 만든 건강한 간식이 특유의 친절 경영과 결합되어 소비자들의 칭송을 받았고, 오바마 대통령이 설립자를 미국 기업가 정신 대사로 임명하기도 했습니다.

화장품 기업 러쉬LUSH와 더바디샵The Body Shop은 동물실험을 하지 않는 회사의 재료들만 구입한다고 합니다. 양봉업자였던 버트가 창업한 바디케어 회사 버츠비Burt's Bees에는 '당신이 몸에 바르는 것은 모두 자연이 준 최고의 것이어야 한다'는 철학이 있는데, 이 회사는 2016년에 '벌을 돌아오게 하자Bring Back The Bees'는 캠페인을 대대적으로 벌이는 등 제품 홍보만큼이나 자연보호 운동에 많은 노력을 기울이고 있습니다.

브랜드 애드머레이션과 공감성 혜택

『브랜드 애드머레이션Brand Admiration: Building A Business People Love』의 저자인 서던캘리포니아 대학의 박충환 교수는 칭송받는 브랜드가 갖추어야 할 조건이 '공감성enrichment 혜택'이라고 했습니다. 공감성 혜택은 브랜드가 고객이 갖는 자아에 대한 신념과 의식에 반응하여 공감을 불러일으켜야 한다는 것인데요. 좀 더 쉽게 말하면, 사람들은 자신이 구매

하고 사용하는 브랜드의 철학이 자신의 신념과 일치할 때 연결되어 있다는 느낌을 갖게 되고 그 브랜드를 존중하게 된다는 뜻입니다. 브랜드 이론의 대가인 케빈 켈러 교수가 제시한 '브랜드 공명brand resonance'이라는 개념도 같은 맥락에서 이해할 수 있습니다.

그런 의미에서 브랜드 철학은 '브랜드 정체성brand identity'과 약간의 차이가 있습니다. 브랜드 정체성이 자신의 뚜렷한 인상impression을 만드는 것이라면, 브랜드 철학은 브랜드의 '명분purpose'을 쌓는 것이라고 할까요. 사람들의 보편적 신념과 일치하는 정당한 명분 말입니다. 레인지로버가 '야성'을 내세운 것이 브랜드 정체성이라면, 할리 데이비슨의 '자유'는 브랜드 철학인 것입니다.

애플은 경쟁사 IBM의 'Think' 광고를 비틀어 'Think Different(다르게 생각하라)' 캠페인을 전개해서 큰 공감을 얻었습니다. 빌딩 벽에 붙은 아인슈타인의 대형 사진과 'Think Different'라는 문구가 얼마나 멋있었는지, 아마 이때부터 애플 마니아가 많아진 것 같습니다.

현대카드는 이와 같은 브랜드 철학을 '브랜드 이념'이

라고 표현했습니다. 광고에서 영국 배우 톰 하디가 시커먼 바다에 뛰어들어 물결을 헤치는 순간 "브랜드가 이데올로기를 갖는다는 것"이라는 내레이션이 나오는데, 제 온몸에 소름이 돋았던 기억이 있습니다. 현대카드는 남들과 다른 길을 가려는 일관적인 태도, 즉 '차별화'가 자신의 브랜드 이데올로기가 되었다고 선언했습니다.

성공한 기업의 창업주와 CEO들은 대개 자신의 인생 경험에 기반한 원칙이나 철학을 가지고 있습니다. 코스트코 Costco의 공동창업자인 짐 시네걸은 캘빈 클라인 청바지의 구매가를 획기적으로 낮추는 협상에 성공한 직원 덕에 큰 이익을 챙길 기회를 잡았는데, 고민 끝에 그만큼의 이익을 고스란히 고객에게 돌려주기로 결심했다고 합니다. 그 일을 계기로 '고객에게 최대한의 혜택을'이라는 회사의 방침, 즉 브랜드 철학이 만들어졌습니다.

좀 더 개인적인 스토리도 있습니다. 계모가 싫어 13세에 가출한 산골 소년 루이 비통Louis Vuitton 이야기입니다. 그는 2년간의 모진 방랑 끝에 470킬로미터를 걸어 파리에 도착했고, 그가 개발한 루이비통 가방은 '가볍고 튼튼한 여행 짐가방'의 대명사가 되어 수많은 사람들의 사랑을 받았습니다. 루이비통의 브랜드 가치는 창업자가 겪은 고난 및 희망의 여행 경험과 밀착되어 있는 것이지요. 제가 "Where Will Life Take You?(인생은 당신을 어디로 데려갈까요?)"라는 루이비통의 슬로건을 볼 때마다 울컥하게 되는 이유입니다.

**브랜드
저널리즘**

브랜드 스토리텔링에서 진화된, 보다 주체적인 형태의 소통을 '브랜드 저널리즘brand journalism'이라고 합니다. 현대카드가 자신의 브랜드 철학이 담긴 콘텐츠를 공유하기 위해 만든 온라인 플랫폼 '채널 현대카드'가 대표적입니다. 패션업계는 잡지를 자주 활용하는데, 코오롱 인더스트리의 남성 캐주얼 브랜드인 시리즈Series;는 흥미로운 테마를 정해서 1년에 두 번 잡지를 통해 자사의 브랜드 지향점을 전달하고 있습니다. 아모레 퍼시픽의 설화수도 잡지를 발행하고 있

고, 블랙야크도 라이프스타일 브랜드 '나우'의 '지속가능한 삶'이라는 브랜드 철학을 담은 잡지를 발행하고 있습니다.

매장 인테리어 디자인도 브랜드 철학을 드러내는 유용한 도구가 됩니다. 삼성동 코엑스의 상점가를 지나다 보면 100개가 넘는 빈티지 싱어Singer 재봉틀이 벽면을 가득 채우고 있는 가게를 만나게 되는데요. 그곳은 재봉틀 상점이 아니라 영국 패션 브랜드 올세인츠Allsaints 매장입니다. 이 회사는 영국 특유의 장인정신을 표현하기 위해 전 세계의 매장을 전부 그렇게 디자인했다고 하더군요. 소니아 리키엘Sonia Rykiel이라는 패션 브랜드는 '지적인 보헤미안'이라는 브랜드 철학을 표현하기 위해 파리, 뉴욕, 도쿄, 서울의 매장을 마치 서점처럼 책으로 가득 채웠습니다.

조직구성원의 공감과 실천이 성공의 출발점

브랜드 철학은 조직구성원에게 동기를 부여하는 효과

적인 수단이기도 합니다. 이지훈 위클리비즈 전 편집장은
『혼창통』이라는 책에서 "혼은 사람을 움직이는 힘이다"라
고 했는데요. 여기서 '혼'은 바로 창업주나 최고경영자의 브
랜드 철학이라고 볼 수 있습니다. 『일본전산 이야기』에 나
오는 나가모리 시게노부 사장은 마음을 전하는 말과 문장
이 얼마나 중요한지 모른다고 했습니다. '내가 지금 여기서
(이 회사에서, 이 점포에서) 무엇을 하고 있나'에 대해 의미를 명
확하게 부여할 수 있어야 직원들이 자기 일을 사랑하게 되
고, 종업원의 진심 어린 눈빛이 소비자에게 브랜드의 진정
성으로 전달되는 것입니다. 스타벅스의 사명 선언문에는
"한 번에 한 잔의 커피를 통해, 한 명의 이웃에게 인간 정신
의 영감을 불어넣는다"라고 되어 있습니다.

　마지막으로 한 가지 꼭 해야 할 말이 있습니다. 철학은
반드시 실체로 구현되어야 합니다. '자연주의' 브랜드 철학
을 가진 회사가 인공적인 재료를 사용하거나 환경 파괴를
하면 안 되고, '인간 중심'의 회사가 직원들에게 비인간적인
근로 행태를 강요해서는 안 된다는 것입니다. '바른 어묵'을
선언한 동원F&B가 '매일 새 기름으로만 만든다'는 팩트를

제시하는 이유입니다. 너무도 안타까운 이야기지만 실제로 내적 자아와 외적 자아가 일치하지 않는 회사가 적지 않습니다. 그 이유는 아마 자사의 브랜드 철학을 액세서리로 달고 있거나 너무 쉽게 망각하기 때문이겠지요.

앞에서 제가 "브랜드 슬로건이 브랜드 철학을 드러낸다"고 했는데, 이 말을 "브랜드 슬로건만 멋지게 만들면 된다"는 식으로 오해하지 않았으면 합니다. 오히려 슬로건 하나 없어도 소비자들이 '실제적 경험'을 통해 브랜드의 철학을 깨닫게 하는 것, 그것이 궁극적인 브랜드 관리의 목표가 되길 바랍니다.

저는 말과 행동이 같은 브랜드입니다
그린블리스

일반적으로 큰 기업들은 브랜드 철학을 내보일 때, 경영자의 비전에 맞춰 철학을 정리하고 TV광고를 통해서 대선언을 합니다. 브랜드와 기업이 무엇을 생각하는지 메시지로 먼저 전달합니다.

이와는 다른 방법으로 철학을 나타내는 사례가 있습니다. 이 브랜드는 철학을 오직 '제품'으로 보여 줍니다. 거창한 선언이나 마케팅 없이, 소비자가 제품을 체험하는 모든 순간에 철학을 담습니다. 바로 양말과 수건, 티셔츠 등 오가닉 라이프 제품들을 판매하는 그린블리스(Green Bliss)라는 브랜드입니다.

그린블리스는 6년 전부터 양말을 중심으로 20대들에게 인기를 끌어 왔습니

그린블리스 제품 특징

Quality : 오가닉 코튼이 주는 은은한 빛깔과 부드러운 감촉

Sustainability : 농부의 건강, 토양 피폐화 저지, 생태계 복원, 환경 피해 최소화에 노력

Sharing : 판매 수익의 3퍼센트를 '동물자유연대'에 나눔 전달, 택배비 일부를 녹색연합에 전달

[기본배송]

40,000원 이상 무료배송, 이하 구매 고객에게는 3,000원의 배송비가 적용됩니다.
택배비 중 500원이 환경단체 '녹색연합'의 '지구는 일회용이 아니다'캠페인에 고객 이름으로 전달되어 녹색연합 홈페이지에 게시됩니다.

결제하기

다. 대부분의 제품에 100퍼센트 오가닉 코튼 소재를 사용하기 때문에 가격이 제법 센 편인데요. 요즘 젊은 친구들은 '소비의 신념'을 중요하게 생각하기 때문에 자신의 생각과 브랜드의 철학이 일치하면 살짝 높은 가격쯤은 대수롭지 않은가 봅니다. 내가 이 제품을 사면 세상에 이로운 일을 하는 거야'라는 신념의 동반자가 되는 느낌이라고 할까요.

그린블리스는 '자연에게 좋은 것이 사람에게 좋은 것이다'라는 철학을 갖고 있습니다. 그 자연주의 철학은 제품의 소재에서부터 디자인, 포장, 나눔 활동에 이르기까지, 브랜드의 모든 행동에서 일관되게 나타납니다. 마치 말과 행동이 같은 친구를 보는 것 같습니다.

'자연의 더 없는 행복' 그린블리스 이름에서부터 '자연(Green)의 더 없는 행복(Bliss)'이라는 자연주의 철학이 드러납니다. 제품 슬로건은 "예쁘고, 편안하게, 오래 쓰세요"입니다. 어쩐지 조금 이상하지 않나요? 빨리 소비해야 자주 사게 되는 법인데 오래 쓰라니 말입니다. 그린블리스는 아무리 좋은 제품이라도 소비가 빨라지면 환경에 유해하니까 이왕 쓰는 거 한번 사서 오래오래 쓰라고 권합니다.

'제품'이 곧 철학입니다 그린블리스는 3년 이상 농약과 화학비료를 사용하지 않은 토양에서, 유전자를 조작하지 않은 100퍼센트 오가닉 코튼을 사용하는 것을 원칙으로 합니다. 흰색 제품에는 표백제를 쓰지 않아 누르스름한 코튼 원색을 고수합니다. 고유의 색이 주는 시각적인 느낌에서 피부에 닿는 그 순간까지 '자연'을 고스란히 보여 줍니다. 소비자에게는 콩기름으로 인쇄한

크라우드 펀딩 캠페인 : 황금개 Campaign
'사지 마세요, 입양하세요'
유기견 세 마리의 캐릭터를 만들어 제품화하고 SNS 펀딩을 통해 기부

종이 포장지에 쌓인 상품이 재생지 상자에 담겨서 배달됩니다. 상자를 열 때 손끝에 느껴지는 투박한 '감촉', 소비자가 직접 경험하게 되는 그린블리스의 철학입니다.

'디자인'이 곧 철학입니다   그린블리스의 디자인 모티브는 금세기 내에 급격히 멸종 위기에 처한 레서판다(Lesser Panda), 벨루가(Beluga), 그리고 지구 온난화로 고통받는 북극곰, 길 고양이 등입니다. 제품 판매 수익의 3퍼센트는 동물보호단체인 '동물자유연대'에 전달됩니다. 또 다른 디자인은 제주도의 자연환경을 모티브로 하는데요. 예컨대, 제주 해녀의 모습이나 동백, 감귤, 곶자왈을 연상시키는 숲, 조랑말과 같은 디자인들이 그것입니다. 때로는 그린블리스의 브랜드 철학에 공감하는 다른 브랜드들이 콜라보레이션을 제안하는 경우가 있는데요. 그럴 때마다 프로젝트에 맞춰 뜻을 함께하는 디자이너들을 찾아 협업합니다.

'행동'이 곧 철학입니다   이효리 씨의 순심이 입양 이후, 우리나라에서도 다양한 계층의 사람들이 좋은 생각에 많이 동참하기 시작했습니다. 그린블리스도 크라우드 펀딩이라는 방법을 통하여 동물보호 나눔 활동을 정기적으로 시작했는데요. 2018년에는 '황금 개 해'를 맞이하여 누렁이 잡종 유기견을 입양한 사람들의 스토리를 찾아 SNS 펀딩을 했습니다. 이름하여 '황금 개 펀딩'이었습니다. 그 양말에는 연예인들이 입양한 유기견을 상징적으로 디자인하여 전 수익금을 동물보호 단체 '생명공감'에 전달했습니다.

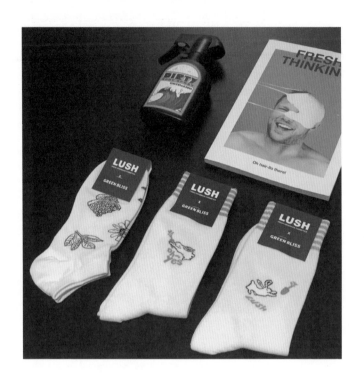

B2B(Brand to Brand, Business to Business) 프로젝트 : 러쉬LUSH x 그린블리스GREEN BLISS
뷰티 브랜드 러쉬가 지향하는 동물실험 반대, 신선한 자연원료로 디자인했다

'나눔'이 곧 철학입니다 그린블리스에서 주문을 하면 택배비의 일부를 환경세로 후원할 수 있습니다. 고객의 이름으로 녹색연합의 '지구는 일회용이 아니다' 캠페인에 동참하게 됩니다. 비록 500원이라는 작은 금액이지만, 작은 정성을 모아 쓰레기를 줄일 수 있는 방안을 만들고 변화를 일으킬 수 있다는 브랜드의 신념을 많은 사람들과 나누는 겁니다. 어차피 지불하는 비용을 좋은 일에, 스스로 동참하도록, 나눔의 아이디어를 더합니다.

3장

Be HUMBLE
&
HONEST

겸손하고 정직한 브랜드

#다운플레이_마케팅

#저는_브랜드가_아닙니다

#겸손_마케팅

#비과시_소비

#절대가치

#오디너리_브랜드

#조용한_브랜드

#진짜진짜와_가짜진짜

#정직성_커뮤니케이션

#유결점_마케팅

떠들지 말고 조용히
본질적 가치를 창조하라

구글의 인공지능 알파고와 이세돌 9단의 '세기의 대결'을 기억하시나요? 이세돌 9단의 와이셔츠 소매에 새겨진 'G5' 로고가 뒤늦게 화제가 되었습니다. 이세돌 9단을 후원한 LG전자에서 신형 스마트폰 광고를 한다는 것이, 크기가 1센티미터밖에 안 되고 색깔도 와이셔츠 색과 같게 로고를 만드는 바람에 '보이지 않는 광고'가 되었기 때문입니다. 이 일로 LG전자 마케팅팀은 네티즌들의 웃음거리가 되었지만, 언론은 이를 '겸손 마케팅'의 묘수라고 떠들었습니다.

LG전자는 그 전에도 스마트폰 V10에 20K 금도금을 해 놓은 것이나, 이어폰을 만들면서 세계적인 음향업체와 협업한 사실을 공개하지 않아서 '바보 엘지'라는 별명을 얻었습니다. 제품명에 나와 있듯이 무게가 핵심 셀링 포인트인 초경량 노트북 '그램'의 무게를 실제보다 무겁게 광고해서 네티즌의 놀림을 받기도 했습니다("LG전자 마케팅, 대신해 드립니다"라는 포스팅도 있었지요). 더 재미있는 건 그때마다 LG전자는 "구매에 결정적 영향을 주지 않는 요소라서 강조하지 않았다"거나 "저울 오차가 있을 수 있다"는 식의 귀여운 '해명'을 했다는 것입니다. 화려한 마케팅이 욕을 먹으면서, 오히려 '다운플레이downplay 마케팅'이 트렌드가 되었습니다(LG전자가 의도했을 리는 만무하지만). 그리고 다운플레이 마케팅의 극단에는 '노브랜드'가 있습니다.

무지, 브랜드리스,
그리고 노브랜드

고도의 소비사회에 대한 반감에서 시작되었다는 무지 MUJI의 원래 이름은 '무지루시료힌無印良品', 영어식으로는 'No Brand Good Product'입니다. 홈페이지에 "무인양품은 브랜드가 아닙니다. 무인양품은 개성과 유행을 상품화하지 않고 상표의 인기를 가격에 반영시키지 않습니다."라고 분명하게 적어 놓았습니다. 일본 슈퍼마켓 체인인 세이유의 자가상표PB로 시작한 무지는 폭발적인 인기에 힘입어 '료힌케이카쿠良品計劃'라는 회사로 독립했습니다. 노브랜드를 주창했는데 브랜드 가치가 1조 원이 넘는다고 하니 아이러니가 아닐 수 없습니다. '양심'을 강조하는 무지의 브랜드 철학은 일본의 선禪 사상에 기반하고 있으며, 재료와 생산과정의 간소화, 무광택의 단순한 디자인을 표방합니다.

브랜드리스Brandless는 티나 샤키와 이도 레플러가 '생필품의 민주화'를 주장하면서 개장한 온라인 스토어입니다. 이들은 브랜드의 가격 거품을 '브랜드세brand tax'라 부르고 맛, 안전, 환경을 고려한 제품을 선별하여 모든 상품을 단돈 3달러에 판매합니다. 패키지에는 '크리미 피넛 버터'라든가 '토마토 바질 파스타 소스'라는 품목명이 적혀 있는데 '브랜드리스'라는 이름조차 없습니다. 이름 그대로 브랜드를 제거한 상품입니다.

일본에 무지, 미국에 브랜드리스가 있다면 한국에는 '노브랜드'가 있습니다. 초저가에 '적정 품질'이 노브랜드의 목표입니다. 기저귀에 그려진 캐릭터를 영아들이 알아보기나 할까? 일회용 종이컵이 4시간 동안 젖지 않고 버틸 필요가 있을까? 뭐 이런 질문들을 해나가면서 적정 품질을 고민해서 가성비를 극대화한 제품들을 내놓았더니 소비자들의 반응이 엄청나게 좋았습니다. 노브랜드 감자칩은 출시 4개월 만에 프링글스보다 4배 이상 팔리는 제품이 되었고, 이마트의 자가상표였던 노브랜드는 독립 매장을 갖게 되었습니다.

고객을 밀어붙이던 push 영업에서 고객을 끌어당기는 pull 마케팅으로 전환한 지 얼마 안 된 것 같은데, 이런 기업들은 한 걸음 더 나가 고객을 '유인'하는 수를 쓰지 않겠다고 선언하고 있습니다. 대신에 라이프스타일을 '제안'한다는 것이지요. 작은 차이 같지만 이런 브랜드의 태도가 소비자의 마음을 아주 편안하게 하는 것 같습니다. 우리가 겸손한 사람을 좋아하는 이유와 같습니다.

만만한 브랜드의
가벼움

요즘 로우로우^{RAWROW}라는 브랜드가 아주 핫합니다. 안경, 가방, 신발 등을 파는 이 잡화 브랜드의 철학은 '내가 원하는 제품'을 만드는 것입니다. 실용성을 강조하는 이 브랜드는 일상에서 "만만하고 편하게" 신으라고 만든 신발과 "땅바닥에 고민 없이 내려놓을 수 있는" 가방을 판다고 합니다. 로우로우처럼, 치열한 마케팅에서 한 발짝 비켜서서 평범한 척하는 '오디너리^{ordinary}' 브랜드가 인기를 얻는 배경에는 '가성비 중시'의 트렌드가 있습니다. 오랜 경기 침체와 소셜 미디어의 발전이 똑똑한 (요즘 말로 '스마트한') 소비자를 만들어 낸 것입니다. 이들은 무턱대고 넘버원 브랜드를 구입하지 않습니다. 가격 대비 실질적 가치가 높은 제품을 구매하고, 구매 후기를 남김으로써 자신의 '스마트함'을 과시합니다. '가성비'에서 나아가 구매 후 행복감까지 고려하는 '가심비' 구매도 많아졌습니다.

스탠퍼드 대학의 이타마르 시몬슨 교수는 『절대 가치Absolute Value: What Really Influences Customers in the Age of (Nearly) Perfect Information』라는 책을 통해 브랜드가 높은 품질을 상징한다는 인식이 깨지고 있다고 지적했습니다. '완전 정보'의 시대에는 브랜드의 후광보다 소비자가 제품 소비에서 경험하게 될 '진짜 품질'과 '실질적 가치real value'가 중요하다는 말이지요. '혁신을 위한 혁신'이 아니라 소비자의 삶의 질을 개선하는 혁신만이 살아남는 시대입니다.

미국에 세이프웨이Safeway라는 슈퍼마켓이 있는데요. 이 회사는 무려 6년간 1조 원이 넘는 돈을 투입하여 상품의 가성비를 끌어올렸다고 합니다. 원가를 낮추는 과정에서 노조와 마찰도 있었고 부정적인 언론기사들도 보도되었지만, 가격 대비 최고의 품질을 확보했을 뿐만 아니라 쾌적한 친환경 매장으로 전환한 이후 소비자들의 찬사가 이어졌습니다. 경제주간지 《블룸버그 비즈니스위크》는 이 회사를 "지키고 약속Deliver, Then Promise"하는 진정성 마케팅의 대표적 사례로 소개했습니다. 이 말은 "브랜드는 약속이다Brand is a promise."라는 래리 라이트의 명언을 비틀어서 표현한 것으로, 약속을 해놓고 안 지키는 기업이 하도 많으니까 아예 먼저 지키고 나서 약속하라는 거지요.

비과시 소비 트렌드와
조용한 브랜드의 약진

여러분은 로고가 크게 찍힌 상품을 선호하나요, 아니면 보일 듯 말 듯 작은 로고가 박힌 상품을 좋아하나요? 한때 거대한 심벌마크가 그려진 폴로, 라코스테, 헤지스 티셔츠가 유행한 적 있지요? 그런데 요즘은 반대로 '비과시 소비inconspicuous consumption'가 유행이라고 합니다. 아예 로고가 없는 보테가 베네타Bottega Veneta 같은 명품 가방의 인기기 올라가고, 패트론^{Patron}이라는 테킬라는 병에 붙이는 금박 라벨의 크기를 줄였습니다. 럭셔리 브랜드의 소비층이 넓어지니까 자신만의 취향을 '과시'하고 싶은 상류층 소비자들이 '비과시' 소비를 선택하고 있다는 설명도 있습니다. 하지만 이것 또한 소셜 미디어 때문이라는 생각입니다. 굳이 누가 들고 다니는 걸 보지 않더라도, 인스타그램에 올라온 이미지들을 보면서 미묘한 제품의 특징과 스타일, 장점들을 알 수 있게 되었기 때문이지요. 루이비통, 마이클 코어스, 심지어 전기자동차 테슬라도 로고의 크기를 줄이거나 잘 안 보이는 곳으로 옮기고 있습니다. 티파니^{Tiffany}는 주얼리 라인에서 브랜드명을 전체 쓰지 않고 "T"만 남겼습니다.

야단법석을 떨며 '떠드는 브랜드^{loud brand}'보다 '조용한 브랜드^{quiet brand}'가 더 사랑받는 시대입니다. 중국의 명품 상하이탕^{Shanghai Tang}보다 상시아^{Shang Xia}가 인기가 높은 이유입니다. 패션모델과 브랜드를 내세우던 상하이탕과 달리, 상시아는 제품 뒤에 숨은 장인을 조명하고, 감각적인 상점 분위기와 품격 있는 고객 서비스를 강조했습니다. 런던을 대표하는 백화점 셀프리지스^{Selfridges & Co.}도 조용한 백화점이 되기로 했습니다. 광고와 상표를 최소화하는 '노 노이즈 No Noise' 캠페인을 실시한 것입니다. 제품에 인쇄된 큼지막한 브랜드를 지운 '디브랜딩debranding'을 통해 소비자가 제품의 실질적인 품질에 집중할 수 있게 하고, 주변 소음으로부터 완전히 차단된 '사일런스 룸'도 만들었습니다. 때로는 브랜드를 지울 때 제품의 강점이 더 돋보이기도 하는 것 같습니다.

제품 디자인도 점점 겸손해지고 있습니다. 영국 화장품 러쉬LUSH의 검은색 플라스틱 통은 완성도가 떨어져 보이고 아베다Aveda 샴푸의 용기는 빛이 바랜 것 같습니다. 요즘 젊은이들의 인기를 얻고 있는 소소문구는 한용운 시인의 시 〈산촌의 여름 저녁〉을 모티브로 하여 흙, 숲, 밤 시리즈 등 겸손하고 자연스런 디자인의 제품을 내놓았습니다. 물론 광고를 한번도 하지 않았고요.

자신의 결점을
대놓고 내세우는 브랜드

'겸손한 마케터'가 된다는 것도 쉽지 않지만, 정직하기는 더 어렵습니다. 어느 상품이나 약점이 있기 마련이고, 약점을 드러내는 것은 마케터의 본성을 거스르는 것이니까요. 하지만 정직은 실천 가능한 덕목입니다. 린 업쇼는 『정직이 전략이다Truth: The New Rules for Marketing in a Skeptical World』에서 '실현 가능한 정직practical integrity'을 위해 구체적인 마케팅 방법을 제시했습니다.

마마이트Marmite는 영국 사람들이 빵에 자주 발라 먹는 스프레드입니다. 이스트 추출물을 농축하여 만든 마마이트는 각종 비타민이 듬뿍 들어 있어서 건강에 좋다고 하는데, 문제는 냄새입니다. 저도 한번 먹어 보았는데 냄새와 맛이 고약해서 삼키기 어려웠습니다. 그런데 이 회사는 그 고약한 냄새를 광고의 핵심 메시지로 사용했습니다. '사랑하거나 끔찍하게 싫어하거나Love It or Hate It' 캠페인이 바로 그것입니다. 수유를 하던 엄마가 마마이트를 빵에 발라 맛있게 먹는데 냄새를 맡은 아기가 엄마 얼굴에 모유를 내뿜는 광고는 전 세계로 퍼져 나갔습니다. 마마이트를 식빵에 발라 먹고 있는 동료를 신고하여 경찰이 출동하는 등의 코믹한 광고에는 모두 '마마이트는 냄새가 지독하다'는 메시지가 담겨 있습니다. 정작 비타민이 많이 들어 있다는 말은 쏙 빼고 말이지요.

무려 100년의 역사가 있는 이 회사가 마마이트의 냄새를 개선하는 방법을 모르지 않을 텐데 자신의 정체성(?)을 끝까지 포기하지 않은 이유는 무엇일까요? 냄새가 지독할 정도로 비타민이 듬뿍 들어 있다는 '진정성'을 보여 주려고 했을지도 모르겠습니다. 이와 같이 단점이 장점의 진정성을 높일 수 있다면 솔직하게 단점을 시인하는 것도 나쁘지 않을 것 같습니다. 자연주의와 실용성을 강조하는 코르크 샌들 버켄스탁Birkenstock도 '어글리 버켄스탁'이란 별명을 자처하며 편안함을 위해 디자인을 희생할 수밖에 없었다고 말합니다. 『진정성의 힘Authenticity: What consumers really want』의 저자 제임스 길모어와 조지프 파인 2세는 진짜도 '진짜 진짜Real-Real'와 '가짜 진짜Fake-Real'로 나뉜다고 하면서, 자신의 정체성을 유지하지 않는 진짜는 가짜 진짜라고 규정합니다. 그러니까 '자아에 충실한' 브랜드는 자신의 약점까지도 버릴 수 없는 운명인가 봅니다. 미국 속담에 "표범은 자신의 얼룩무늬를 바꾸려고 하지 않는다"라는 말도 있답니다.

조금 부족해도
솔직한 브랜드가 좋다

———————————

누군가 자신의 약점을 인정하면 신뢰가 높아집니다. 댓글도 호평 일색이면 오히려 의심을 받는 시대이니까요. 한 싸구려 호텔은 당당하게 자신의 단점을 '커밍아웃'한 후 명소가 되었습니다. 암스테르담에 있는 한스 브링커 버짓 호텔Hans Brinker Budget Hotel이라는 곳인데요. 객실에 TV는 물론 거울과 화장대도 없는 이 호텔은 '친환경'을 위해 난방시설과 엘리베이터를 만들지 않았다고 뻔뻔하게 주장합니다. 자칭 "세계 최악의 호텔"이라는 광고에는 호텔 입구에 개똥이 있을 수 있으며, 객실 문이 잘 안 잠기니까 조심하라는 식으로 단점들을 늘어 놓습니다. 부대시설이 열악한 만큼 가격은 유럽 최저라는 걸 강조하기 위한 광고입니다. 이 광고 후에 객실 예약률이 크게 올랐고, 무엇보다 투숙객의 불평 불만이 싹 사라졌다고 합니다(최악을 기대하고 온 사람이 무얼 불평하겠습니까).

패스트푸드가 소아 비만의 원인임을 어느 정도 인정한 프랑스 맥도날드의 "어린이들은 일주일에 한 번만 맥도날드에 오세요"라는 광고나, 분유회사인 네슬레가 모유 수유의 우수성을 알리는 캠페인을 벌이면서, 출산 직후에는 모유 수유가 좋으나 그것이 정 어렵다면 자사 제품을 이용하는 것도 나쁘지 않다고 덧붙인 것도 '심리적 공명resonance'을 이끌어 내는 '정직성 커뮤니케이션' 방식으로 이해할 수 있습니다. 국내에서도 한 네티즌이 전자제품은 홈플러스가 제일 싸다고 트위터에 썼더니 홈플러스의 담당자가 "아닙니다. 인터넷 가격비교 사이트에서 최저가를 검색하세요."라고 답글을 올려 '홈플러스의 패기'라는 제목의 글이 퍼져 나가기도 했습니다.

하버드 대학의 문영미 교수는 '자기 공개self-disclosure'야말로 아주 효과적인 설득의 기술이라고 했고, 트렌드워칭 TrendWatching이라는 조사기관은 이러한 마케팅 전략을 '유결 점 마케팅flawsome marketing'이라 이름 붙였습니다. 우아하고 젠체하는 사람보다 부족해도 솔직하고 재미있는 사람을 좋 아하는 심리를 간파한 것입니다.

솔직함이 유머 감각과 결합될 때 단점은 장점으로 승 화됩니다. 코로나 맥주가 처음 미국에 진출했을 때 유리병 에 담긴 맥주의 양이 제각각 달라서 경쟁자인 버드와이저 의 놀림을 받았습니다. 여러분이 코로나 맥주의 사장이라면 어떻게 대응하겠습니까? 놀랍게도 코로나는 "병마다 맥주 양이 다른 게 멕시코의 여유와 낭만"이라고 했답니다. 약점 을 강점으로 반전시킨 것입니다.

제품의 치명적인 약점을 미소나 농담으로 덮을 수는 없습니다. 그건 무슨 수를 써서라도 고쳐야 하겠지요. 하지 만 그 정도가 아니라면 한 번쯤 큰맘 먹고 작은 약점을 과 감하게 공개하는 건 어떨까요? 완벽한 인간보다 약간의 결 점을 가진 사람이 더 사랑받는다는 사실은 진리입니다.

정직보다
거짓이 훨씬 더 위험하다

한마디만 덧붙이고자 합니다. 브랜드의 가치가 가장 크게 폭락하는 경우는 어느 때일까요? 제품의 결함보다도, 그것을 감추려 했던 거짓이 드러나는 순간입니다. 신뢰를 얻는 데는 오랜 시간이 걸리지만 무너지는 것은 순식간입니다. 타이어의 결함을 숨겼던 포드 자동차(그리고 타이어 업체인 파이어스톤), 반도체 칩의 연산 에러를 덮으려 했던 인텔, 배기가스 테스트 결과를 속인 폭스바겐의 브랜드는 회복 불가능할 정도의 타격을 입었습니다. 정직함이 가장 요구되는 순간은 잘못을 저질렀을 때입니다. 누가 정직한지는 위기의 순간에 가장 잘 드러납니다. 그리고 정직보다 거짓이 훨씬 더 위험합니다.

평범합니다
그래서 특별합니다
모나미 153

펜이라는 도구가 디지털 시대를 맞아 존재감을 위협받는 듯합니다. 우리나라
에서도 키보드와 스마트폰의 생활화로 인해 손글씨를 쓰는 사람들이 점점 줄
어든다는 보고가 있었습니다.

그런데 2014년 모나미 153 볼펜이 한정판으로 출시되자 기이한 현상이 나타
났습니다. 출시 한 시간 만에 1만 자루가 품절되고, 무려 열 배가 넘는 웃돈을
주고 사는 팬덤이 생겨난 겁니다. 흔하디흔한 그 볼펜에 왜 그리 열광했을까
요? 단지 한정판의 매력 때문이었을까요?

사람들은 자신이 기억하고 있는 '아날로그적인 경험'에 대한 충성심을 갖게

되는데요. 모나미 153 볼펜은 한국 볼펜의 원형이라고 말해도 과언이 아닙니다. 그만큼 오랫동안 우리나라의 많은 사람들이 써서 보편성을 획득했다는 의미입니다.

부담 없는 가격, 최소한의 기능, 소박한 디자인, 딱 필요한 만큼의 가치를 주기 때문에 모나미는 왠지 보통 사람 누구에게나 어울립니다. 만만해서, 늘 찾게 되는 친구 같은 브랜드입니다.

'내 친구' MONAMI　　국민학교 세대인 사람들은 모나미 물감과 왕자파스를 기억할 겁니다. 1960년 한국표 물감과 크레파스를 만들었던 모나미는 1963년 자체 기술로 잉크를 찍지 않는 신기한 필기구를 개발하는데요. 바로 국내 최초의 유성볼펜을 만든 겁니다. 그 전까지 잉크와 펜촉을 사용했던 우리의 필기생활에는 새로운 패러다임이 시작됩니다. 모나미라는 브랜드명은 프랑스어로 '내 친구'라는 뜻인데요. 15원의 가격에, 세 번째 자체 기술로 만든 제품이라고 하여 '모나미 153'이란 이름을 갖게 되었습니다. 우리가 오늘도 사용하고 있는 친근한 그 볼펜입니다.

국민생활 필기구　　사무실 주변을 둘러보세요. 쓰고 있거나 분명히 책상 어디선가에 있는 모나미 153 볼펜을 금방 찾아볼 수 있을 겁니다. 수많은 해외 필기류들이 시장에 진입하고 있는데도 모나미가 국민 펜의 자리를 당당히 지키고 있는 이유는 분명합니다. '필요할 때 쉽게 살 수 있고 가성비가 좋다'는 것입니다. 완벽하거나 화려한 맛은 없지만 글을 쓰는 것에만 목적을 둔다면 더할 것이 없습니다. 모나미의 컨셉은 '국민생활 필기구'니까요.

위 모나미 153 기본 제품들
아래 데코 마커 펜
오른쪽 위 현대자동차와의 콜라보
오른쪽 아래 디즈니와의 콜라보

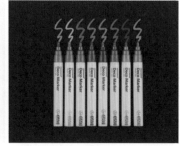

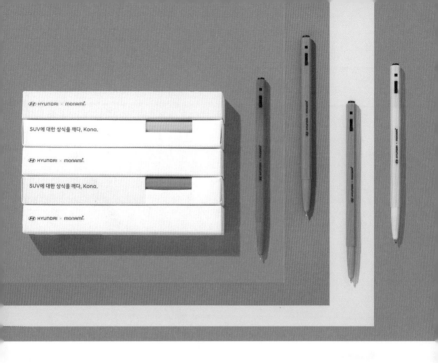

실용의 디자인　　처음부터 브랜드의 핵심은 '디자인'이었습니다. 디자인의 개념조차 없었던 1963년 당시에는 반드시 필요한 기능과 재료만으로 제품을 만드는 것이 목표였는데요. 50년이 지난, 오늘의 모나미 역시 다양한 제품들 속에서도 소비자들이 필요로 하는 기본적 기능을 디자인의 근간으로 합니다. 따라서 모나미의 디자인은 군더더기 없는, 단순함, 깔끔함의 키워드로 정리됩니다. 시대에 맞춰 변하지 않는 변화를 추구하면서 평범한 실용성의 아이덴티티를 유지합니다.

모나미 153 리미티드 에디션　　평범한 볼펜의 리미티드 에디션, 이 발상은 젊어지기 위한 모나미의 혁신적인 시도였는데요. 대한민국을 대표하는 필기 브랜드로서 고급 시장의 가능성을 탐색하게 된 기회였습니다. 소비자들에게는 흔하고 편안했던 '제품'을 멋진 '브랜드'로 재발견하게 된 계기가 되었습니다. 또한, 팬덤을 보며 우리 모두가 확인한 것은 독일에 몽블랑이 있다면 한국에는 모나미가 있다는 사실입니다.

평범함의 차별화　　모나미는 마케팅 활동보다 스토어를 통해 브랜드 경험을 만듭니다. 고객과 함께 스토어와 제품의 컨셉, 기획, 생산, 문제점 해결까지 이야기합니다. 단 한 명이라도, 손글씨를 쓰는 사람이 이 땅에 남아 있다면 국민 브랜드로서 갈 길을 가야 한다고 생각합니다. 밖으로 무엇인가를 더하기보다는 안으로 실력을 더 키웁니다. 시작처럼, 모나미의 내일도 평범합니다. 평범하기 때문에 특별합니다.

고객들이 제품을
체험할 수 있도록 설계한
모나미 스토어

4장

Be EXCELLENT

성능지존 브랜드

#검증된_실력

#막강성능

#장인정신

#괴짜_발명가

#혁신

#위대한_제품

#극한품질

#미니멀리즘_디자인

#탁월한_서비스

#확고한_증거

탁월한 제품과 서비스로
고객을 감동시켜라

　사람들의 기대를 훌쩍 뛰어넘는 성능을 가진 제품은 대박을 터뜨립니다. 이를테면 스크럽 대디^{Scrub Daddy} 같은 제품 말입니다. '아빠! 문질러'라는 재미있는 이름을 가진, 이 동그랗고 노란 스마일 모양의 수세미는 미국 ABC 방송의 인기 프로그램 〈샤크 탱크〉에서 심사위원들의 시선을 완전히 사로잡았는데요. 한번 써보면 환상적인 세척력에 누구나 감동하게 된다고 합니다(그래서 별명이 '요술 수세미'라는데, 미국에 요술 수세미가 있다면 우리나라에는 요술 때장갑이 있습니다. 정준산업이라는 중소기업이 만드는 때밀이 장갑으로, 때수건계의 에르메스라고 '때르메스'라는 별명이 붙었습니다). 따뜻한 물에서는 행주처럼 부드러워지고 차가운 물에서는 단단한 수세미로 변신하는 이 제품을 발명한 아론 크라우스는 원래 자동차 광택 패드를 만드는 사업을 했는데, 자동차 수리공들의 손톱 밑 기름을 닦기 위해 이 수세미를 발명했다고 합니다. 모양도 '스마일~' 하고 있는 귀여운 수세미라서 연간 3,300만 개가 팔리는 미국의 '국민 수세미'가 되었고 월마트의 선반 한 칸을 가득 채우고 있습니다.

막강 성능으로 약진하는
강소 브랜드

2016년 국내 온라인 리서치 기업인 마크로밀 엠브레인의 조사에 따르면, 요즘 소비자들은 브랜드보다 품질을 우선시한다고 합니다. 브랜드와 품질 중에 선택 기준을 고르라고 했더니, '품질'이라고 응답한 사람이 무려 73.4퍼센트였답니다. 그래서인지 대기업의 유명 브랜드보다 인지도가

낮은 이른바 '강소 브랜드'가 약진하고 있습니다. 강소 브랜드의 강세는 패션, 화장품, 식품, 가전 등 거의 모든 상품 카테고리에서 발견되는데요. 이들 제품의 공통점은 막강한 성능입니다.

마케팅 없이 제품의 성능만으로 대박을 터뜨린 대표적인 사례로, 블렌텍Blentec 믹서기를 들 수 있습니다. 미국 유타 주에 있는 이 중소기업의 CEO 톰 딕슨은 믹서기 '토탈 블렌더Total Blender'를 개발해 놓고 광고비가 없어서 고민하다가 제품의 데모 영상을 유튜브에 올렸습니다. 믹서기 성능을 강조하기 위해 갈았던 것은 다름 아닌 유리 구슬! 수십 개의 유리 구슬을 밀가루처럼 뽀얗게 갈아냈는데도 이 믹서기의 날은 새로 산 날처럼 쌩쌩합니다. 폭발적인 인기를 얻은 이 영상이 소셜 미디어에 퍼져 나가자, 주문이 폭주할 거라는 기대와는 달리 정작 주문은 안 들어오고 '이것도 갈리나요?' 하면서 이것저것 갈아 달라는 요청만 들어오더랍니다. 결국 "Will It Blend?(갈릴까요?)"라는 유튜브 시리즈가 만들어졌고, CEO가 직접 나무조각, 빗자루, 부부젤라(플라스틱 응원도구), 골프 공, 심지어 아이폰과 아이패드를 갈아야 했다고 합니다. 이 흥미로운 바이럴 영상의 인기는 토탈 블렌더의 대성공으로 훈훈한 결실을 맺었습니다.

극한 품질과
진정성

성능지존의 제품이 쉽게 탄생하는 건 아닌 것 같습니다. 트럼프 미 대통령 부인인 멜라니아 여사가 일본을 방문했을 때 아베 아키에 총리 부인이 직접 안내한 매장이 화제가 되었는데, 바로 진주 주얼리 브랜드인 미키모토Mikimoto 입니다. 세계 최초로 진주 양식에 성공한 코키치 미키모토가 1899년 긴자에 첫 매장을 열면서 역사가 시작된 미키모토의 품질 관리는 타의 추종을 불허합니다. 진주 조개의 품종 선별은 물론이고, 진주 양식장의 수질을 관리하기 위해 조개 껍데기에 센서를 부착하여 조개의 호흡 간격을 측정할 정도입니다. 수중에 플랑크톤이 증가하면 산소가 부족해져서 조개가 빠르고 불규칙하게 숨을 쉬는 원리에 착안한 것입니다.

'극한 품질extreme quality'은 제품을 만드는 이들의 진정성을 연상시켜 감동을 줍니다. "인간을 추위로부터 완벽하게 해방시킨다"는 생각은 캐나다 구스의 철학이며 목표입니다. 극한의 추위에 견딜 수 있는지 확인하려고 1,931킬로미터의 알래스카 설원 횡단 개썰매 경주와 33일 간의 남극 트레킹에 협찬하기도 했습니다. 제품의 100퍼센트를 캐나다에서 만든다는 원칙도 이 회사의 남다른 '고집'을 보여 줍니다.

스티브 잡스는 자신의 전기를 쓰는 월터 아이작슨에게 이렇게 말했습니다. "저는 위대한 제품great products을 만드는 것에 모두가 집중하는 회사를 만드는 데 열정을 바쳤습니다. 그 외의 모든 것은 부차적인 것입니다." 마케팅 대가인 장 클로드 라레슈 인시아드INSEAD 교수도 "기업은 스스로 물살을 만들고 그 위에 올라타야 한다"고 하면서, 그 물살 즉 모멘텀momentum은 '파워 오퍼power offer'를 가진 제품이라고 했습니다. 이를테면 스카이프Skype처럼 10초 만에 다운받아 바로 사용할 수 있는 탁월한 제품 말입니다.

저는 오랫동안 서랍에 간직하고 있는 아이팟^{ipod} 오리
지널을 가끔 꺼내어 요리조리 보기도 하고 손으로 쓰다듬
기도 합니다. 가운데 둥근 휠이 있고, 물에 살짝 잠긴 듯 투
명한 플라스틱을 덮고 있는 녀석이지요. 이젠 쓰지도 않는
이 흰 '물체'를 볼 때마다 제 마음에는 잔잔한 감동이 일어
납니다. 좀 많이 과장된 이야기 같지만, 멋진 제품들은 마치
천재들이 인류에 남겨준 선물 같다는 생각입니다. 아들 녀
석이 어릴 때 갖고 놀던 닌텐도 게임 보이^{Game Boy}, 스마트
폰이 없던 시절에 늘 들고 다니던 팜 파일럿^{Palm Pilot}도 마찬
가지입니다. 여러분의 애장품은 어떤 것들인지 궁금합니다.
그 애장품들도 아주 아름다울 것 같습니다.

훌륭한 디자인은 제품의 성능과 품질을 직관적으로 전
달하는 힘이 있습니다. 독일 가전제품 브라운^{Braun}의 전설적
인 디자이너 디터 람스, 팜 파일럿을 만든 제프 호킨스, 애
플의 조나단 아이브는 모두 미니멀리즘 디자인을 추구한

사람들입니다. 자연에 가장 가까운 바람을 만든다는 선풍기와 '죽은 빵도 살린다'는 토스터의 주인공 발뮤다Balmuda도 미니멀한 디자인으로 큰 사랑을 받고 있는데요. 이 회사를 창업한 테라오 겐 사장은 중학교 2학년 때 어머니를 잃고 고교 중퇴 후 1년간 지중해를 여행했다고 합니다. 그래서인지 발뮤다의 디자인에는 조용한 바다의 느낌이 있습니다. LG전자의 프리미엄 브랜드 시그니처SIGNATURE를 디자인한 톨스텐 밸루어는 "소비자가 오감을 통해 제품과 사랑에 빠지게 하는 것"이 디자인의 역할이라고 했는데, 순수하고 깨끗한 미니멀 디자인이야말로 제품의 진정성을 전달하는 효과적인 방법인 것 같습니다.

지금까지 전자제품 이야기를 주로 한 것 같은데, 이번에는 햄버거 이야기를 해보겠습니다. 여러분은 어떤 햄버거를 제일 좋아하시나요? 2018년 미국의 여론조사기관 해리스 폴Harris Poll이 햄버거 품질(맛)에 대한 투표조사를 한 결과, 파이브 가이즈Five Guys가 응답자 68퍼센트의 지지를 받으며 압도적으로 1등을 차지했습니다. '오바마 대통령이 좋아하는 햄버거'였다가 '미국인들이 가장 사랑하는 햄버거'

로 인정받게 된 것입니다. 제가 개인적으로 좋아하는 인앤 아웃 버거는 16퍼센트를 차지하며 아쉽게도 2위에 그쳤습니다. 쉐이크쉑, 컬버스, 웬디스가 나란히 3위, 4위, 5위를 차지했습니다.

파이브 가이즈는 "미국에서는 머리를 잘 자르거나 햄버거를 잘 만들면 돈을 벌 수 있다"는 어머니의 말을 믿고, 창업주가 두 아들의 대학 등록금으로 시작한 가게라고 합니다. 가게 이름인 '파이브 가이즈'는 CEO 제리 머렐의 다섯 아들을 말하는 것입니다. 100퍼센트 수제 쇠고기 패티와 위도 42도 위쪽 지역에서 생산되는 감자를 사용하며, 순수 땅콩기름으로 튀겨 고소한 맛을 냅니다. 양질의 친환경 재료와 엄격한 가이드라인, 그리고 친절, 청결도 등을 관리하기 위해 도입한 '시크릿 쇼퍼secret shopper' 제도 등이 이 브랜드의 성공 비결이라고 합니다. 어찌 보면 평범해 보이는 이 성공 공식은 "탁월한 제품과 서비스에 왕도가 없다"는 진리를 일깨우는 것 같습니다.

눈에 보이는
확고한 증거를 제시하라

그렇다고 탁월한 성능만 있으면 저절로 유명해질까요? 스크럽 대디처럼 공중파 TV 프로그램에서 제품을 소개할 기회를 갖거나 홈쇼핑 채널이라도 뚫게 되면 좀 더 유리하겠지만, 그렇다 하더라도 소비자의 신뢰를 얻기 위해서는 한 단계 높은 차원의 아이디어가 필요합니다. 두 눈으로 똑똑히 확인하고 단박에 이해할 수 있는 '확실한 증거evidence'를 제시해야 하는 것입니다.

어느 해 여름 브라질 상파울루에 집중호우가 쏟아져 도시 전체가 물에 잠겼습니다. 생생한 현장 소식을 전하기 위해 방송 헬기를 띄웠고 TV뉴스를 진행하는 앵커는 흥분된 목소리로 수해 상황을 전하고 있었습니다. 그런데 바로 그때 보고도 믿기 어려운 장면이 중계 카메라에 잡혔습니다. 그것은 물에 둥둥 떠다니는 차들 사이를 질주하는 승용차였습니다. 수몰 지역을 유유히 빠져나간 그 차는 오프로드 차량인 트롤러Troller로 확인되었고, 이 차의 성능을 전국민이 눈으로 확인한 셈이 되었습니다. 판매 중단을 고민하던 브랜드가 베스트셀러로 등극하는 순간이었습니다.

과거에는 '우리 제품이 최고다'라는 식의 주입식 광고가 많았지만, 이제는 제품의 성능을 극적으로 보여 주는 광고가 많아지고 있습니다. 볼보 트럭은 '다이내믹 스티어링'이란 신기술의 성능을 보이기 위해 배우 장 클로드 반담이 후진하는 두 트럭의 사이드 미러 위에 서서 '다리 찢기' 자세를 취했고, LG전자는 무선청소기의 성능을 입증하기 위해 미국 암벽등반 챔피언인 시에라 블레어 코일에게 청소기의 흡입력을 이용해 인천 송도의 33층 빌딩 외벽을 타게 했습니다. 둘 다 제품 성능에 대한 자신이 없다면 엄두도 못낼 일이기에, 광고를 본 이들은 제품에 대한 확고한 인상을 갖게 되었습니다.

햄버거 이야기를 한 번 더 하겠습니다. 이번에는 버거킹입니다. 버거킹은 맥도날드보다 '맛'을 강조하는 브랜드입니다. 그래서 광고 태그라인도 '맛있잖아It Just Tastes Better'입니다. 그동안 말로만 강조했던 것을 테스트를 통해 보여 주려고 태국, 그린랜드, 루마니아의 오지로 떠난 버거킹은, 햄버거 맛을 경험하지 못한 이른바 '와퍼 버진들Whopper Virgins'에게 빅맥과 와퍼의 맛을 비교하게 합니다. 결과적으로 와퍼의 승리였지만 빅맥이 더 맛있다는 사람들도 그대로 광고에 내보냄으로써 이 테스트의 진정성을 높였습니다.

진짜를 만들고 진짜가 되라

진짜의 시대입니다. 진짜 품질과 진짜 성능을 보여야 하고, 그러기 위해서 훌륭한 제품을 만드는 과정이 전제가 되어야 합니다. 그리고 진짜인지 아닌지, 탁월한지 평범한지는 소비자가 판단합니다. 우리 제품이 좋다, 최고다 하는 식의 주장은 이제 먹히지 않습니다. 소비자들이 스스로 나서서 떠들고 싶을 정도의 탁월성excellence을 추구하는 것이 C2Ccustomer-to-customer 마케팅 시대의 자세입니다. 한 가지 정말로 다행스러운 것은, 소비자들이 웬만한 전문가 이상으로 똑똑하며 정확한 품질 평가를 내린다는 것입니다.

구입한 제품을 써보다가 품질과 성능에 실망하고 분노한 경험을 한 번씩은 다 해봤을 것입니다. 반대로 탁월한 성능에 진심으로 감동하여 그 제품을 만든 회사에 감사패라도 전달하고 싶은 적도 있지 않았나요? 겸손하고 정직한 사람은 사랑스럽지만, 그 사람이 무능력하고 실력이 형편없다면 존경심은 생기기 어렵습니다. 탁월한 제품과 서비스를 만들고 제공하는 일이야말로 진정성 마케팅의 필수 조건이 아닐까요?

사람들은 눈에 보이는 것을 믿는다
LG 코드제로 A9

주부들에게 로망이었던 다이슨 청소기 아시죠? 거실 벽면에 세워 두는 것만으로도 부의 상징이 된다고 할 만큼 인기가 있었는데요. 다이슨이 시장 대부분을 점유했던 몇 해 전까지만 해도 무선청소기 시장의 규모는 연평균 60만 대 수준에 불과했지만, 국내 가전업체들이 신제품을 내놓기 시작하면서 이 시장은 급속도로 성장했습니다. 출시 1년 만에 놀라운 강자로 등극한 LG전자 코드제로 A9를 소개합니다.

코드제로 A9은 LG전자의 무선청소기 중에서 모터가 손잡이 부분에 위치한 상(上) 중심 무선청소기입니다. 숫자 9는 십진수의 최상을 의미하는데 성능을 상징하는 숫자입니다. 해외 브랜드가 해결하지 못했던 점들을 개선하고 기능을 업그레이드해 제품에 반영한 결과, 코드제로 A9을 써본 고객들이 다이슨 청소기의 불편함을 역으로 알게 되었고 점점 입소문이 났습니다.

코드제로 A9이 고객에게 다가서는 방법은 간단합니다. 마케팅적으로 화려한 포장을 하는 대신, 있는 그대로의 제품을 보여 줍니다. 강력한 성능을 '눈으로 보게 하고 그것을 믿게 하자'라는 자신감을 브랜드의 증거로 제시합니다.

시장 점유율도 제법 커졌고 고객들에게 인기도 늘었지만 코드제로 A9은 여기에 만족하지 않고 더 뛰어난 성능을 개발하려고 노력합니다.

한국인의 청소 습관에서 발견한 혁신　　기존 제품을 이기려면 혁신성을 편익으로 제공할 수 있어야 합니다. 코드제로 A9은 경쟁자로부터 무선 청소기 시장의 성장을 확인하고 한국인의 청소 방법을 심도 있게 연구했습니다. 걸레질로 마무리를 해야 제대로 청소한 것 같고, 청소 도구는 깔끔하게 물로 씻어야 직성이 풀리는 게 한국인의 청소 습관인데요. 이런 생활 습관을 제대로 파악해서 제품의 사용성을 개발하고 그것을 고객들이 어떻게 받아들일 수 있을 것인가에 대해서 관심을 기울였습니다. 그 결과, 먼지통 필터 분리 세척기능이나 물걸레 키트 같은 아이디어가 혁신 기능으로 완성되었습니다.

고객과의 소통도 성능이다　　제품을 출시하기 전에 블로거나 내부 고객들을 대상으로 말 그대로, 제품을 완전 분해하고 해체하는 해체쇼를 실시합니다. 강력한 성능을 구사하는 부속품 하나하나를 그대로 보여 주면서 어떤 부분이 강력한지를 눈으로 직접 확인하게 합니다. 한편, 일반 고객들로 구성된

물청소가 가능하도록 물걸레를 장착한
코드제로 A9 제품

체험단도 실시하는데요. 특별한 가이드 없이 고객 스스로 제품을 사용하면서 느끼는 장단점을 가감 없이 그대로 영상으로 리뷰합니다. 제품에 대한 고객들의 기본적인 평가는 어떠한지, 개선점은 무엇인지를 알고 제품에 반영합니다.

광고를 하지 않는다, 실증한다 '물걸레 청소 효과를 어떻게 보여 줄 것인가?' 단순하게 제품이 등장합니다. 마루바닥, 창문 틈새, 침대 위, 천장의 먼지를 훑고 지나가는 코드제로의 청소 장면을 사실적으로 보여 줍니다. 물걸레를 사용하여 그 장면은 한 번 더 반복되는데요. 예쁜 여주인공은 없습니다. 주인공은 철저히 코드제로 A9입니다. 구체적인 흡입력의 수치를 제시하거나 과장된 비유로 물걸레의 성능을 알리는 방법도 있었겠지만 사실적인 사용 장면을 그대로 보여 줍니다.

청소를 즐거운 경험으로 만드는 능력 사람들의 라이프스타일이 바뀌었습니다. 집안 일도 남편과 아내가 골고루 나눠서 하는 시대가 되었습니다. 최근에 제품 구매를 상담하는 고객들도 남자들이 절반이랍니다. 청소는 주말 남편의 몫이기 때문일까요. 이러한 라이프스타일의 변화에 맞춰서 코드제로 A9은 청소가 '귀찮은 일이었지만, 이제 즐거운 일이 된다'라는 인식의 변화를 제공하려고 합니다. 변화의 해법은 강력한 성능으로 기분 좋은 청소 경험을 제공하는 것입니다. 청소를 남편의 즐거운 놀이로 만든다면 아내들은 편해지고 집안 일을 함께하는 새로운 라이프스타일이 완성되지 않을까요?

청소에서 건강 관리까지의 성능 환경 오염은 고객들의 건강과 직결

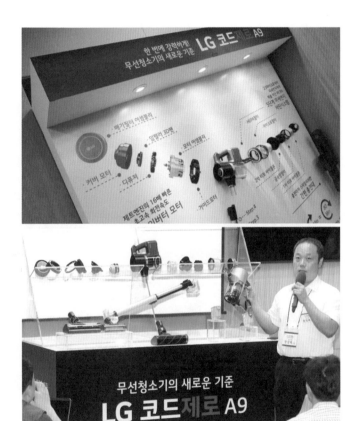

되기에 이 시대의 브랜드가 함께 풀어야 할 과제인데요. 그래서 코드제로 A9 은 사람들의 건강 관리까지 고민합니다. 무선청소기가 건강과 무슨 상관이냐 고요? 일반적으로 청소를 할 때 미세먼지가 발생하는데 이를 제거하는 기술 을 연구하는 것이 좋은 브랜드의 사회적 책임이라고 생각하니까요. 이제, 코드 제로의 성능은 청소를 넘어 사람의 건강을 향합니다.

Project LG CordZero A9. 시작할까요?

물걸레까지 탑재되어 더 완벽해진 LG CordZero A9

5장

Be SOCIALLY RESPONSIBLE

의식 있는 브랜드

#양심_경제
#개념_있는
#소셜_아젠다
#사회적_명분
#코즈_마케팅
#베네피트_기업
#동정_소비
#이제_BOGO는_Buy_One_Give_One
#사회적_가치
#공유가치_창조

사회적 이슈에 반응하는
개념 있는 브랜드가 되라

　　　　"브랜드는 기업의 영혼이다.""의미 있는 신념을 상징하지 못하는 브랜드는 살아남을 수 없다."『양심경제』라는 책에 나오는 구절입니다. 이 책의 저자인 스티븐 오버먼은 선한 것이야말로 멋진 것이고, 착한 일을 하는 것은 "그야말로 끝내주는"것이라고 말합니다. 사람과 마찬가지로 '개념 없는' 기업은 비난을 받고 '의식 있는' 기업은 칭송을 받습니다. 펩시에서 다이어트 콜라의 알루미늄 용기를 날씬하게 만들어 '스키니 캔'이란 별명의 음료를 출시한 것에 대해 어떻게 생각하시나요? 아주 창의적인 것 같죠? 하지만 이 회사는 마른 모습이 보기 좋다는 그릇된 관념을 표방했다는 이유로 맹비난을 받았습니다. 사회적 이슈에 대한 공감능력이 없다면 존경받는 브랜드가 될 자격이 없습니다.

"이 옷 사지 마세요Don't Buy This Jacket"라는 광고를 본 적이 있으신가요? 아웃도어 브랜드 파타고니아Patagonia의 아주 유명한 광고입니다. 버려지는 옷이 환경을 파괴하니까 새 옷을 사지 말고 입던 옷을 일년 더 입으라는 뜻입니다. 옷이 해져서 사야 하면 중고의류 사이트에서 사고, 거기에 도저히 마음에 드는 옷이 없다면 매장에서 구입하되 반드시 10년 이상 입겠다고 약속하라고 합니다. 이 회사는 캐시미어와 울의 가공 프로세스를 최소화하고 염색을 하지 않으며, 디자인 및 생산과정에 이른바 '순수 원단Common Threads'을 사용하는 것으로 유명합니다. 아주 미국적인 느낌의 이 옷은 솔직히 제 취향이 아닙니다만, 그래도 좀 개념 있는 사람이 되고 싶어 저도 파타고니아를 사서 입고 있습니다.

기업의 존재 목적을 '이윤 극대화'라고 말하던 시절이 있었습니다. 돈을 아주 많이 벌어서 직원과 주주에게 나누어 주는 회사가 좋은 회사라는 생각이죠. 그런데 현대의 소비자는 기업에 경제적 가치 이상을 기대하는 것 같습니다. 스티븐 오버만은 소비자를 현명하게 만드는 브랜드, 힘을 주는 브랜드, 성장을 돕는 브랜드, 건강 및 안전에 도움을 주는 브랜드, 치유하는 브랜드, 복원하고 재생하는 브랜드, 절약하고 공유하는 브랜드, 자연과 가까워지게 하는 브랜드, 관계를 깊게 만드는 브랜드, 최고의 인간성을 낳는 브랜드가 소비자의 사랑을 받을 것이라고 말합니다. '마케팅의 아버지' 필립 코틀러 교수도 『마켓 3.0 Marketing 3.0: From Products to Customers to the Human Spirit 』에서 "소비자의 영혼에 호소하라"고 말씀하셨고요.

요즘 글로벌 브랜드들은 더 이상 광고에서 제품의 효능과 장점, 이른바 USP Unique Selling Proposition를 떠들지 않습니다. 대신에 소셜 이슈를 긴드립니다. 인터넷에 제품 징보가 넘쳐나는데 군이 또 광고를 할 필요가 있나요? 품질 격차가 거의 사라진 지금은 미미한 품질의 차이를 설명하는 것보다 자신이 '어떤 사람(회사)'인지who we are 설명하는 편이 더 효과적입니다.

화장품 브랜드 도브Dove는 오랫동안 '진정한 아름다움Real Beauty' 캠페인을 전개해서 좋은 반응을 얻고 있습니다. 진정한 아름다움이란 무엇일까? 이런 의미 있는 질문이 도브를 매우 지적이고 고상한 브랜드로 만들었습니다. 2007년에는 '도브 에볼루션'이라는 광고로 칸 그랑프리를 받더니, 2014년에는 '당신은 당신이 생각하는 것보다 아름답습니다'라는 광고로 또 한 번 상을 받았습니다. 그 광고에서 몽타주 화가는 사람들에게 자기 얼굴의 특징을 설명해 달라고 해서 얼굴을 보지 않고 그림을 그린 후, 나중에 그 사람에 대한 타인의 설명대로 그린 그림과 비교해서 보여 줍니다. 약간 다른 느낌의, 좀더 당당하고 예쁘게 그려진 자신의 모습을 바라보면서, 이들은 자신의 외모에 대한 열등감이 행복한 삶에 상애물이 되었음을 스스로 깨닫게 됩니다.

두 버전의 초상화를 조용히 확인하는 이들이 짧게 내뱉는 한숨 소리에 광고를 보는 이들의 가슴이 저릿해집니다.

중국에서는 노처녀를 '셩뉘'라고 하는데 '남겨진 사람 leftover woman'이라는 뜻입니다(듣기만 해도 기분 나쁘죠). P&G 는 이들에 대한 사회의 부정적인 시각을 조명하는 'Change Destiny' 캠페인을 통해 여성 주권을 이슈화하고 결혼적령 기에 대한 통념의 변화를 유도하여 긍정적인 반응을 이끌 어 냈습니다. 중국에는 이른바 '결혼 시장'이라는 게 있는데 요. 공원 곳곳에 붙여 놓은 여성들의 사진과 소개문을 보면 서 며느리감이나 짝을 찾는 이벤트 같은 것입니다. 이곳을 찾은 한 부모가 멋지게 인쇄된 딸의 사진 앞에 서서 미소 짓다가, 딸이 적은 글을 보고 손으로 입을 막습니다.

"엄마, 나는 결혼을 위한 결혼은 하지 않을 거예요. 결 혼이 반드시 저를 더 행복하게 해주는 건 아니니까요."

뒤에서 나타난 딸을 껴안고 서로의 등을 두드리는 엄 마와 딸의 모습을 보며 중국의 30대 여성들은 함께 눈물을 흘렸습니다. P&G는 인도에서도 월경 중인 여성이 피클을 만지면 (심지어 피클 병만 만져도) 피클이 썩는다는 미신을 타파하기 위해 "피클을 만져라Touch the Pickle"라는 캠페인을 전개함으로써, 성에 대한 편견을 제거하고 변화를 주도한다는 아주 좋은 인상을 남겼습니다.

**소셜 아젠다,
브랜드 DNA가 되다**

'개념 소비자conscious consumer'들이 많아지면서 많은 브랜드가 '사회적 명분social purpose'이라는 옷을 입기 시작했습니다(마케팅에 4P라는 게 있는데, Product, Price, Place, Promotion에 이어 Purpose를 다섯 번째 P로 추가해야 한다는 주장도 있습니다). 리바이스는 인종, 성, 경제적 평등을 촉구하고, 글로벌 화장품 회사 에이본AVON은 유방암 예방 캠페인을 벌이고, 기네스Guiness 맥주와 빨래 세제 타이드Tide는 동성애자의 권리를 주장하고, 에어비앤비Airbnb는 슈퍼볼 광고를 통해 다양성 수용 캠페인을 벌이고(#weaccept), 버거킹은 '세계 평화의 날'을 기념하고, 인텔은 '분쟁 광물'의 사용을 중단했으며,

흡수가 빠르다던 게토레이는 '재경기Replay'라는 캠페인을 통해 중년 남자들의 투지와 열정을 일깨웠습니다.

참고로 미식축구 정기전에서 무승부를 기록한 라이벌 고교의 재경기를 후원한 게토레이의 이야기는 CNN이 2009년 최고의 스토리로 선정했는데요. 16년 만에 치르는 재경기를 위해 두 달 간의 혹독한 훈련을 거친 선수들의 인터뷰는 소셜 미디어에서 큰 감동을 주었고, 결국 FOX TV 채널의 다큐멘터리 시리즈로 제작되기도 했습니다. 스타벅스도 'Race Together' 캠페인을 통해 미국의 인종 문제를 이야기하고, 워싱턴 DC에 직원 25명 모두가 수화를 자유자재로 구사하는 청각 장애인을 위한 매장을 개장하여 큰 호응을 얻었습니다.

영국의 화장품 브랜드 러쉬는 동물실험 반대, 공정무역, 환경보호, 성소수자 인권을 주장하는 그야말로 '개념 있는' 브랜드로 유명합니다. 그리고 그러한 평판은 20년간 손해를 보더라도 원칙을 지키는, 말만이 아닌 행동으로 실천한 결과 얻어진 것입니다. 이 회사는 동물실험에 맞서 싸우기 위해 중국이라는 엄청난 시장을 포기했고, 전 세계 수익의 10퍼센트 이상을 환경보호를 위해 내놓고 있습니다. 30년 넘게 '우리 강산 푸르게 푸르게'를 주장해 온 회사, 어딘지 아시죠? 유한킴벌리는 나무를 베는 회사가 아니라 나무를 심는 회사라는 인식을 사람들 머릿속에 깊이 심었습니다. 유한킴벌리는 나무심기 행사가 있는 곳이면 어디든 재빨리 달려가 후원을 했습니다.

소셜 캠페인은 제품과 전혀 상관없는 쟁점(이를테면 인종 문제)을 다루는 경우도 있지만, 자사의 제품과 관련된 이슈를 다루는 경우(이를테면 페츠마트의 유기견 무료입양 캠페인)가 많습니다. 특히 환경 문제는 직관적으로 이해되는 주제라서 많은 기업이 목소리를 내고 있습니다. 칠성사이다의 '맑은 물 깨끗한 세상'이나 롯데리아의 '그린 존' 캠페인 같은 것 말입니다. 한 철만 입고 버리는 옷을 만든다는 부정적 인식에 직면한 패스트 패션 브랜드조차 환경 운동에 나서고 있고(H&M은 헌옷 수거 프로그램을 가동하고 지속가능한 패션을 추구한다고 선언했습니다), 가구 쓰레기의 주범이란 비판을 받는 이케아도 재활용 제품을 늘리고 있습니다. 나이젤 화이틀리는 『사회를 위한 디자인Design For Society』에서 제품 디자인도 소비 욕구를 자극하기보다는 지속가능성, 생태주의와 같은 의식을 투영해야 한다고 주장했습니다.

국내 패션기업 코오롱 인더스트리는 자사 제품이 자원을 낭비하고 환경을 파괴할지도 모른다는 생각에, '래;코드 RE;CODE'라는 멋진 업사이클 브랜드를 런칭했습니다. 대개 패션의류의 이월상품은 3년 차 재고가 되는 순간 소각되는데, 브랜드 가치를 유지하기 위해 멀쩡한 제품을 버린다는 데 고민이 있습니다. 그래서 이 회사는 이런 옷들을 해체하고 기존의 브랜드 태그를 활용하여 아주 개성 있는 제품으로 재탄생시킵니다. 요즘 리사이클(재활용)이 아니라 업사이클 비즈니스가 아주 많아졌는데요, 트럭 덮개(프라이탁), 생두자루(하이사이클), 선거 현수막(터치포), 폐가죽(리블랭크), 폐소방호스(파이어마커스), 자동차 가죽시트와 안전벨트(모어댄)가 가방으로 다시 태어나고 있습니다.

이윤을 추구하는 동시에 사회적 책임을 적극적으로 수
행하는 착한 기업을 '베네피트 기업benefit corporation'이라고
부르는데요. 이 용어는 예일 대학 경제학과의 로버트 실러
교수가 탐욕의 노예가 된 월가의 금융기업들을 비판하면서
'선한 자본주의'의 대안으로 제시한 개념입니다. 점점 더 많
은 수의 젊은이들이 이런 회사에 취업을 희망하게 되면서,
어떤 회사가 개념 있는 회사인지 알리기 위해 'B코퍼레이
션B-Corporation 인증마크'가 생겼고, 이 마크를 획득한 기업
에 우수한 인재들이 몰리고 있습니다. 파타고니아는 물론,
오래 전부터 소셜 미션을 채택한 아이스크림 회사 벤 앤드
제리스Ben & Jerry's 등이 B코퍼레이션의 대표 기업이고, 지금
까지 1,000여 개의 기업이 인증을 받았습니다.

그렇다면 과연 소비자들이 '착한 브랜드'에 프리미엄
을 지불할까요? 준 코트와 레미 투르델, 두 명의 학자는 소
비자들이 윤리적인 기업의 제품에 기꺼이 더 많은 돈을 지

불할 의사가 있다는 사실을 연구를 통해 밝혀 냈습니다. 더 의미 있는 발견은, 비윤리적인 기업에 대한 '응징'의 수준이 윤리 기업에 대한 '보상'보다 크다는 것입니다. 소비자의 구매 기준이 바뀌었습니다. 아무리 맛있는 빵집이라도 사장이 종업원을 부당하게 대한 사실이 알려지는 순간 고객이 발걸음을 돌립니다. 제품력만큼이나, 아니 그보다도 윤리와 사회적 가치를 더 소중하게 생각하는 소비자가 아주 많아졌습니다. '착한 소비'가 '똑똑한 소비'와 동의어가 되었으며, 개념 없는, 비윤리적인, 사회 요구에 둔감한 기업은 큰 경제적 리스크를 맞닥뜨리게 되었습니다.

'코즈^{cause} 마케팅'이라고 들어 보셨지요? 사회적 명분을 위해 수입의 일부를 '기부^{donation}'하는 아주 오래된 마케팅 캠페인 기법인데요. 1983년에 아메리칸 익스프레스가 자유의 여신상 복원을 위해 기부를 한 것이 큰 성과를 거두면서 주목을 받았습니다. 실제로 이 캠페인 실시 5개월 만에 아멕스 카드는 신규 발급이 45퍼센트, 거래 빈도가 28센트 증가했다고 합니다. 요즘 아주 통 큰 기부를 하는 기업들도 많은데요. '기부 시계'라는 별명이 있는 호주의 시계 브랜드 모먼트 워치Moment Watches는 판매 수익의 30퍼센트를 세계 각국의 보육원이나 난민 지역에 전달한다고 하고, 국내 브랜드 마리몬드는 판매 이익의 무려 50퍼센트를 위안부 할머니를 위해 일하는 단체에 기부하기도 했습니다. 그리고 멀게는 세계평화나 구호활동, 가깝게는 지역학교 후원이나 시설 복원을 위해 시행하던 기부 캠페인이 최근에 '동정 소비compassionate consumerism'라는 형태로 한 단계 진화했습니다.

Buy One
Give One

────────────

"신발 한 켤레를 사 주시면 가난한 아이들에게 한 켤레를 신겨 줍니다"라는 약속을 지킨 탐스TOMS는 이른바 '원포 원One for One' 캠페인의 원조입니다. 아르헨티나 여행에서 신발 살 돈이 없어 맨발로 다니는 아이들을 보고 충격을 받은 블레이크 마이코스키는 이 캠페인을 통해 9년간 무려 3,500만 켤레의 신발을 아이들에게 기부했고, 탐스는 성공한 사회적 기업의 롤 모델이 되었습니다. 탐스는 원 포 원 캠페인을 다양한 제품으로 확대했는데요. 탐스 안경을 사면 빈곤국 안과 환자 한 명을 치료하고, 탐스 커피를 사면 식수 한 병을 기부하며, 탐스 가방을 사면 빈곤국 산모 한 명의 출산을 지원합니다.

동정 소비의 대표 포맷인 '원 포 원' 기부가 이제 하나의 트렌드가 되었습니다. 신발 회사 스케처스Skechers는 'Benefiting Others By Shoes'라는 의미의 BOBS 브랜드를 런칭했고, 어반 아웃피터스Urban Outfitters는 'Threads for Thoughts'라는 기부 프로그램을 가동했으며, P&G 팸퍼스는 기저귀 한 팩이 팔릴 때마다 저개발 국가의 신생아들에게 파상풍 치료 백신을 기부하는 '원 팩 원 백신One Pack One Vaccine' 프로젝트, 안경회사 와비파커는 빈민국 사람들에게 안경을 기부하는 '바이 어 페어, 기브 어 페어Buy a Pair, Give a Pair' 정책을 시행했습니다. 가방 브랜드 하이 시에라High Sierra도 원 포 원 캠페인을 통해 저소득 가정 아동들에게 가방을 전달했습니다. 20대와 30대 초반, 이른바 밀레니얼 세대들이 이런 캠페인에 즉각적인 반응을 보인다고 하는데요. 과거에는 '보고BOGO' 하면 'Buy One, Get One'을 떠올렸지만 요즘은 BOGO가 'Buy One, Give One'으로 바뀐 것 같습니다.

**경제적 가치와
사회적 가치의 동시 추구**

영리 기업들이 사회적 문제에 관심을 기울이기 시작하면서 사회적 기업과 영리 기업의 경계가 사라졌습니다. 요즘 '더블 바텀라인DBL(Double Bottom Line)'이라는 말도 유행하고 '공유가치 창조CSV(Creating Shared Value)'라는 말도 자주 언급되는데요. 기업이 경제적 가치EV(Economic Value)와 사회적 가치SV(Social Value)를 동시에 추구해야 한다는 점에서 같은 생각을 표현한 것입니다. CSV는 경영전략의 대가 마이클 포터 교수가 주창한 개념으로, 2011년 《하버드비즈니스리뷰》에 소개되어 널리 알려졌습니다. 포터 교수가 예로 든

네슬레에 대해 이야기해 보겠습니다. 네슬레는 네스카페, 네스프레소 같은 커피를 파는 회사인데요. 커피 농가가 고품질의 재료를 공급할 수 있도록 환경을 개선하고 농사기술 교육을 지원한 결과, 훨씬 맛있는 커피를 만들 수 있었다고 합니다. 농촌의 발전을 도우면서(사회적 가치) 제품력도 높이는(경제적 가치) 두 마리 토끼 잡기에 성공한 것입니다. 네슬레는 영양, 물, 농촌, 환경, 인권의 5가지 영역에서 CSV 프로젝트를 진행하고 있습니다.

우리나라 기업들도 CSV에 적극 나서고 있습니다. 국내에서 가장 적극적인 행보를 보이는 기업은 CJ그룹인 것 같은데요. 이 회사는 CSV를 그룹 경영철학으로 채택하고, 전사적인 CSV 프로젝트를 장려하고 있습니다. 예를 들어 CJ대한통운은 아파트 단지나 전통시장에 어르신들을 고용하고 전동 카트 같은 친환경 배송장비를 지원하는 '실버 택배' 제도를 실시하여 호평을 받았습니다. 삼성그룹이나 LG그룹도 사회공헌 조직을 확대 개편했고, 다양한 위원회가 만들어졌습니다. 과거에 한직으로 여겨졌던 사회공헌 조직이 요즘은 사장이나 회장이 직접 챙기는 핵심부서가 된 것입니다.

SK그룹은 회장이 '사회적 가치' 창출을 직접 챙기는 몇 안 되는 회사 중 하나입니다. 해외 유명 석학을 초청하고 경영진과 임원들이 포럼을 열어 열띤 토론을 하고, 심지어 각 사의 사회가치 창출 금액을 측정하여 발표대회를 열기도 합니다. 롯데그룹도 2016년부터 계열사 사장단 인사평가에 '사회적 책임' 항목을 추가했습니다. 이른바 'ESG 지표'를 반영하겠다는 것으로, 이는 환경environmental, 사회 책임social, 지배구조governance의 앞 글자를 딴 것입니다. ESG 점수가 높은 기업의 경제적 성과(투자수익률)가 높다는 것은 증권가의 기정 사실이 되었습니다.

계산된 동기가 아닌
순수한 마음으로

나이키는 1996년에 국제구호개발기구 옥스팜에서 발표한 보고서에서 어린이와 여성 노동력을 착취하는 기업으로 밝혀지는 바람에 큰 곤욕을 치렀습니다. 《라이프》지에 실렸던 축구공 꿰매는 어린이의 사진은 공분을 불러일으켰고, 나이키 불매운동이 한동안 전개되기도 했습니다. 이 일로 큰 교훈을 얻은 나이키는 노동 환경만 개선한 것이 아니라 소수자의 권리를 보호하고 약자를 돕고 사회적인 문제 해결에 적극 참여하는, 완전히 새로운 회사로 거듭났습니다. 그야말로 '개념 있는' 회사가 된 것입니다. 당신의 브랜드는 어떤 사회적인 책임을 지(려고 하)고 있습니까? 소셜 아젠다는 브랜드 DNA의 일부가 되었습니다. 즉 선택이 아니라 필수인 것입니다.

의식 있는 브랜드가 되려면 매우 신중해야 합니다. '개념 있는 척' 하려다가 자칫하면 형편없는 기업이 될 수 있으니까요. 버드와이저는 슈퍼볼 광고에서 창업주의 이민 스토리를 다루었다가 '이민자'에 대한 사회적 논란과 비난을 감수해야 했고, 코카콜라는 "세상에 노래를 가르쳐 주겠다I'd Like to Teach the World to Sing"면서 평화를 촉구하는 노래를 만들었다가 되려 욕을 먹기도 했습니다.

저마다 다른 생각을 가진 소비자와 철학을 '공유'하는

것은 아주 미묘한 문제입니다. 그래서 고객과의 수많은 대화와 소통이 전제되어야 합니다. 이랬다저랬다 말을 바꿔도 안 되며, 진정한 헌신commitment이 없는 위선적인 캠페인은 금방 들통납니다. 소비자의 기대와 눈높이도 맞춰야 합니다. 판매액의 일부를 AIDS 환자돕기에 기부하는 착한 마케팅 캠페인으로 시작되었던 '프로덕트 레드Product Red'는 많은 브랜드의 동참에도 불구하고 '쩨쩨한' 수준의 초라한 기부실적으로 인해 소비자들의 외면을 받았습니다.

또 한 가지 짚어야 할 점이 있습니다. 한번 시작하면 계속해야 합니다. 사실 여기에 기업의 가장 큰 고민이 있습니다. 만약 탐스가 원 포 원 캠페인을 이제 와서 중단하겠다고 하면 어떻게 될까요? 소비자들의 비난이 쏟아질 것입니다. 의식 있는 브랜드가 되는 길은 실로 험난합니다. 그래서 계산된 동기가 아닌 진짜 순수한 마음으로 시작하지 않으면 안 되는 것입니다.

워킹 대디의 탄생
롯데그룹 남성육아휴직 의무화 제도

"아내가 왜 늘어지게 낮잠을 자는지 이해돼요."

"장모님이 허리가 아프신 이유가 있었군요."

"제가 도와주니까 아내가 둘째를 갖자고 해요."

"아이 목욕은 힘센 제가 해도 정말 힘드네요."

남성 육아휴직을 다녀온 롯데그룹 아빠들의 생생한 소감들입니다. 아빠들이
철이 든 것 같지요? 실제로 남성 육아휴직 체험자들은 아이와 함께 보낸 시간
을 통해 육아가 얼마나 힘든지 몸소 깨닫게 되면서 진짜 아빠로 태어나는 경
험을 하게 되었다고 말합니다.

실제 육아휴직을 다녀온
임직원들이 등장한 영상 캠페인

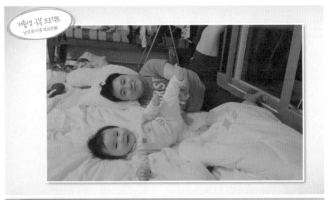

롯데그룹의 '남성육아휴직 의무화 제도'는 2019년 올해로 3년 차에 접어 들었는데요. 육아휴직을 다녀온 남성 임직원들은 전 계열사에서 2,500명 이상이고, 이 숫자는 대한민국 남성 육아 휴직자들 중 10퍼센트 이상을 차지한다고 합니다. 육아휴직에 동참하는 남성들은 '워킹 대디'라는 이름표를 달고 '함께 육아'라는 인식의 변화에 앞서가는 이 시대의 개념남입니다.

'함께 육아'를 위한 사회적 명분　　　저출생 이슈는 사회적인 문제가 되었습니다. 생산 인구가 점점 사라진다면 국내 소비는 물론 국가 경제에까지 심각한 위기를 초래할 겁니다. 이 문제의 대안 중 하나는 여성 인력의 적극적인 활용인데요. 그래서 육아로 인한 여성의 경력 단절을 최소화하고 남녀 모두가 일과 가정의 균형(Work and Life Balance)을 찾아 더 행복한 사회를 만들자는 개념이 중요해졌습니다. 롯데그룹의 남성 육아휴직은 우리 사회에 만연해 있던 '육아는 여성의 몫'이라는 잘못된 생각을 '부부가 함께하는 육아'라는 인식으로 전환해 '저출생 극복'이라는 소셜 아젠다에 동참하려는 의지입니다.

경영 효과로 이어지는 남성 육아휴직　　　초기에는 신청자가 거의 없었답니다. 대부분의 남성들이 집안의 가장이다 보니 소득 감소를 신경 쓰지 않을 수 없었던 거죠. 더구나 익숙하지 않은 휴직에 대한 주변의 시선 때문에 머뭇거렸던 아빠들도 많았는데 통상임금 100퍼센트를 보장하고 선택이 아닌 '의무화 제도'로 바꾸자, 어느 누구의 눈치도 볼 필요 없이 당당히 신청한다고 합니다. 남성 육아휴직 후 돌아온 직원들은 일에 더 몰입할 수 있고 가정의 소중함을 더 많이 느낍니다. 한국 노동연구원 자료에 따르면, 육아휴직 이용률이

10퍼센트 증가하면 직원 일인당 이윤이 3.2퍼센트 늘어난다고 하니 육아휴직이 회사 경영에 보탬이 된다는 것은 분명합니다. 게다가 여성 육아휴직제도와 함께 조직 내부의 양성평등문화에도 큰 영향을 주었다고 하니 일거양득이 아닐 수 없죠.

체계적인 아빠 육아코칭 '대디스쿨'　　대디스쿨이라니 생소한가요? 휴직하기 전에 남성 직원들이 알아야 할 실전 육아에 대해 교육하는 롯데그룹의 남성육아휴직 교육 프로그램인데요. 초보 아빠들이 갑자기 육아에 동참하게 될 때 당황하지 않도록 아빠로서의 마음가짐은 물론 육아 및 아이에 대한 상식, 배우자와의 육아 협업 등에 대해서 공부하게 됩니다. 육아관련 전문 강사들과 실제 육아휴직을 경험한 남성 임직원들이 본인의 경험을 사례로 공유하니까 다른 곳에서는 배울 수 없는 귀한 수업이 아닐 수 없습니다. 매달 2회의 교육이 열리고 100명 정도가 수강하는데, 이러한 체계적인 코칭을 받고 나면 육아휴직 동안 육아에 대해 자신감을 갖게 된다고 합니다.

사회와의 진정한 약속　　최근 남성의 육아휴직 참여가 증가하고 있습니다. 그러나 OECD 선진국가들에 비하면 우리나라는 아직도 멀었습니다. 대기업으로는 롯데그룹이 남성 육아휴직에 앞장서고 있는데요. 남성 육아휴직 의무화 제도 시행 이후 실시한 소비자 조사 결과, 롯데그룹의 선호도는 이전 대비 11.4퍼센트가 상승하였으며 남성 육아휴직을 소재로 한 광고 캠페인은 2018년 대한민국광고대상 본상을 수상했습니다. 또한, 여성친화 캠페인 및 양성평등 기업의 사례로 주요 언론의 호의적인 평가를 받고 있습니다. 큰 기업

왼쪽 처음아빠: 초보 아빠들을 위한 육아 지침서
오른쪽 남성 육아휴직 사내 포스터

이 시대의 아젠다에 동참할 때 우리 사회는 긍정적으로 변화할 수 있습니다. 따라서 롯데그룹의 남성 육아휴직은 한시적인 외침이 아닌 이 사회와의 진정한 약속이 되어야 합니다.

6장

Be COOL & TRENDY

개성만점 브랜드

#쿨함과_언쿨함

#멋짐뿜뿜

#뭘해야쿨해질수있는거야

#극강의_차별화

#괴짜_브랜드

#미학적_완성도

#자율성과_반항끼

#서브컬처

#컬트_브랜드

#힙합_마케팅

서브컬처를 표방하는
쿨한 브랜드가 되라

슈프림을 아시나요? 빨간색으로 채워진 박스 안에 흰색 푸투라 폰트로 'Supreme'이라 쓰여진 로고, 아마 본 적 있으실 것입니다. 참고로 이 로고는 바바라 크루거라는 아티스트가 발표한 '나는 쇼핑한다, 고로 존재한다I shop therefore I am'라는 작품의 디자인을 차용한 겁니다. 1994년 뉴욕 맨해튼에서 탄생한 이 스트리트 패션 브랜드는 요즘 가장 '쿨한' 브랜드 중 하나인 것 같습니다. 슈프림이 시즌 신상품을 내놓기만 하면 몇 시간, 아니 어떤 때는 10초 만에 완판되기도 하니까요.

쿨함은
극강의 차별화다

'쿨한' 브랜드는 과거에도 진리였습니다. 오래 전 미국에서는 머스탱(자동차), 리바이스, 제록스, 지너쓰(TV), IBM이 쿨한 브랜드였고, 80년대에는 도요타, 혼다, 소니, 캐논 등 모든 일본 브랜드가 쿨한 브랜드였으며(이른바 'Japan Cool'), 얼마 전까지만 해도 폴로 랄프로렌, 버진, 블랙베리, 포켓몬, 젯블루, 폭스바겐 비틀, 스타벅스, 에버크롬비, 피지(생수), 그리고 비타민워터가 쿨한 브랜드였습니다.

과연 쿨하다는 게 뭘까요? '쿨cool'은 원래 '잘 흥분하지 않는'(차가울 정도로) 침착한' '사람들의 평판에 개의치 않는' 등을 의미하는 말이었습니다. 그런데 이 말이 청소년들 사이에서 '멋지다excellent' '최고다superlative'의 의미로 확장되어 사용되기 시작하면서, 요즘은 사람이든 제품이든 '뜨거운' 인기를 끌어내는 그 무언가를 지칭하는 단어가 되었습니다. 그러니까 결과적으로 '쿨cool함'이 정반대의 온도인 '핫hot함'과 동의어가 된 것이지요. 쿨함을 '신선하게 핫한 것$^{fresh\ hot}$'으로 묘하게 정의한 글을 본 적도 있습니다.

쿨한 제품은 트렌드를 만듭니다. 그런데 이 말에도 역설이 담겨 있습니다. 왜냐고요? 쿨함이란 본디 '트렌드나 남들의 의견을 따라가지 않는 자율적인 정신'에서 나오는 것이니까요. 그러니까 이 장의 제목인 'Be Cool and Trendy'도 엄밀한 의미에서 앞뒤가 안 맞는 말입니다. 하지만 요즘 트렌드와 유행을 선도하는 10대와 20대가 워낙 '쿨한' 것을 좋아하기 때문에 쿨하지 않으면 트렌드가 될 수 없다는 역설이 현실에 나타나고 있습니다(그런 의미에서는 'Be Cool and Become Trendy'가 더 정확한 표현인 것 같습니다).

어떻게 해야
쿨한 브랜드가 될 수 있을까

과연 어떤 제품이 쿨하고 어떤 것이 '쿨하지 않은^{uncool}' 걸까요? 이걸 알아야 '우리 브랜드를 어떻게 하면 쿨하게 만들 수 있을까?'에 대한 감이 좀 잡힐 것 같습니다. 몇 가지 예를 들어 보겠습니다. 버드와이저는 언쿨하고 코로나 맥주는 쿨합니다. 월마트는 언쿨하고 트레이더 조 Trader Joe's는 쿨합니다. 스타벅스도 이제는 언쿨하고 블루바틀이 쿨합니다. 젊은 친구들이 최강 성능의 갤럭시 S를 안 사고 아이폰을 사는 이유는 단 하나입니다. 아이폰이 더 쿨하기 때문입니다. 애플 이어폰 중에서도 이어팟은 언쿨하고 에어팟은 쿨합니다.

쿨함은 극강의 차별화입니다. 무수히 많은 선택지 중에서 '눈에 확 들어오는' 독보적 스타일을 달성한 브랜드가 쿨한 브랜드입니다. 노아 케르너와 진 프레스먼의 저서 『창조적 차별화 전략Chasing Cool』의 부제가 'Standing Out in Today's Cluttered Marketplace'인 것만 봐도 어떻게 쿨한 브랜드가 되는지 알 수 있습니다. 쿨함은 군계일학이 되는 것입니다. 그래서 쿨하면 팔립니다Cool sells. 젊은 사람들은 자기의 개성적 취향을 뽐내기 위해 쿨한 제품을 사고, 나이 든 사람들은 젊음을 느끼려고 쿨한 제품을 삽니다.

그렇다면 도대체 어떻게 해야 독보적 스타일을 가진 쿨한 브랜드가 될 수 있을까요?

쿨해지는 가장 빠르고 손쉬운 방법은 셀럽celebrity의 이미지를 빌리는 것입니다. 칼스 주니어Carl's Jr.라는 햄버거는 예전에 패리스 힐튼을 광고 모델로 기용하여 단박에 섹시한 브랜드로 변신했고, 바니스 뉴욕Barneys NY은 배우 데니스 호퍼, 가수 톰 존스, 그리고 팝 아티스트 에드 루샤의 사진을 걸어 뉴욕을 대표하는 트렌디한 백화점이 되었습니다. 데이비드 베컴도 기울어가던 아디다스의 이미지를 바꾸어 놓았고, 인스턴트 커피 카누는 배우 공유의 이미지를 빌려 세련된 브랜드가 되었습니다. 그런데 미안하지만 셀럽 브랜딩은 영혼 없는 껍데기일 뿐입니다. 리스크도 크고 효과가 지속될 리 없습니다. 쿨한 브랜드가 되기 위해서는 보다 근본적인 쿨함의 원천을 이해해야 합니다.

본질적 아름다움과 '똘끼'의 결합

첫째, 쿨한 제품이 되려면 일단 눈길을 확 잡아끄는 시각적 차별화가 필요합니다. 미학적aesthetic 완성도가 높은 디자인, 아니면 파격적으로 튀는 디자인이 쿨함 지수를 높입니다. 예쁘게만 만든다고 쿨해지는 것은 아닙니다. 피상적, 표면적 아름다움이 아닌 본질적 아름다움essential beauty을 갖추어야 합니다. 이것이 바로 뱅앤올룹슨Bang & Olufsen, 애스톤 마틴Aston Martin이 쿨한 이유이고, 거의 모든 '가장 쿨한 브랜드coolest brands' 랭킹의 1등을 독차지하고 있는 애플(아이팟, 아이폰, 애플워치)이 쿨한 이유입니다. 다시 말해 외양look, 느낌feel, 감성soul을 모두 갖춘 총체적 미를 구현하는 것이 쿨해지기 위한 첫 번째 단계입니다.

둘째로 쿨해지기 위해서는 반항끼나 똘끼가 살짝 뿌려진 강한 개성이 있어야 합니다. 앞에서 말했듯이 쿨함은 '사랑받고 인기에 영합하려는 마음이 없는(!) 상태'이며, 시류를 따르지 않는 당당함, 나아가서는 사회적 규범norm에 저항하는 '자율적인autonomous' 태도에서 발원합니다. 칼렙 워렌과 마가렛 캠벨, 두 교수가 2014년에 발표한 "What Makes Things Cool?"이라는 논문에서 '이럴 땐 이렇게 해야 한다'는 식의 규범을 깬 어떤 새로운 방식이 과거와 같은 수준이거나 더 높은 수준의 효과를 가져올 경우 사람들이 '쿨하다'고 인식한다는 사실을 밝혀 냈습니다.

반항과 파격이 쿨함을 만듭니다. 그래서 할리 데이비슨은 잘사는 중년 남자를 타겟으로 설정했음에도 고급 모터사이클에 상남자 및 범법자 느낌을 입혔던 것입니다. 애플에서 만든 광고 'Mac vs. PC'를 기억하시나요? 그때도 PC 캐릭터는 양복을 입은 회사원이고 Mac 캐릭터는 회사원의 규범을 깬 캐주얼 복장과 테니스 슈즈를 신었습니다. PC는 언쿨하게, 매킨토시는 쿨하게 보였던 이유입니다. 요즘은 기존 비즈니스 생태계를 파괴하는 우버나 에어비앤비가 쿨한 브랜드의 상위 순위에 올라 있습니다. 쿨해지려면 용기가 필요합니다. 모범생보다 괴짜geek나 또라이jerk가 더 쿨해 보입니다.

**서브컬처를 대변하는
브랜드**

셋째로 쿨한 브랜드는 종종 특정 집단의 서브컬처

subculture를 표방합니다. 서브컬처라는 말은 미국의 사회학자들이 비행 청소년에 대한 연구에서 사용한 말인데, 이제는 (상류계층을 포함한) 특정 집단의 독특한 가치관과 라이프스타일을 뜻하는 말로 사용되고 있습니다. 그러니까 쿨한 브랜드가 되려면 특정 세대 및 생애주기의 라이프스타일과 연관성을 만들어야 합니다. BMW는 롤렉스, 버버리, 코치 등과 함께 80년대의 영 어반 프로페셔널, 즉 여피Yuppie 문화를 대변하는 브랜드가 되었고, 스타벅스는 90년대 말 리버럴한 가치관과 문화적 세련미, 업그레이드된 삶의 질을 상징했습니다. 요즘은 룰루레몬, 소울사이클, 어메리칸 이글, 더부스, 마켓컬리, 피코크 같은 브랜드가 각각 특정 계층과 집단을 대변하는 브랜드가 된 것 같은데요, 열렬 추종자follower들이 따르는 이런 브랜드를 '컬트 브랜드Cult Brand'라고 부릅니다. 서두에 말한 슈프림도 스케이트 보드와 힙합 문화를 접목하여 컬트 브랜드가 된 사례입니다(이게 부러웠는지 최고급 명품 브랜드 루이비통이 스트리트 패션인 슈프림과 콜라보레이션을 했습니다).

요즘 마케터들의 주목을 받고 있는 'Z세대(2000년대 초반에 태어난 10대)'는 어떤 브랜드를 쿨하다고 생각하고 있을까요? 2017년 실시된 한 조사에서 13~17세 응답자들은 유튜브, 넷플릭스, 구글을 가장 쿨한 브랜드로 인식하는 것으로 나타났습니다. 삼성전자는 스타벅스, 디즈니, 펩시 등과 비슷한 수준에서 중상위권에 올라 있고, 최하위는 《월스트리트저널WSJ》이 차지했습니다. 놀라운 사실은 한때 잘나가던 에버크롬비, 버진, 맥도날드가 추락한 반면, 오레오(쿠키)와 도리토스(또르띠야칩)가 애플보다 쿨 지수가 높았다는 것입니다. 이 조사에서 두 가지 교훈을 얻을 수 있습니다. 쿨함을 유지하는 건 참 어렵다는 것과, 그런데도 꾸준히 쿨함을 유지하는 브랜드도 있다는 것입니다.

힙합 마케팅

브랜드의 젊음을 유지하는 한 가지 비법은 '힙합 마케팅'입니다. 스프라이트는 80년대 중반 'I Like Sprite in You'라는 캠페인으로 시작해, 90년대에 'Obey Your Thirst'로 이어가면서 힙합 마케팅을 꾸준히 전개하여, 가장 빠르게 성장하는 탄산음료가 되었습니다. 힙합 컬처인 프리 스타일, 랩 배틀, 비보잉과 농구를 브랜드에 접목시켰고, 언더그라운드 뮤지션들과 코비 브라이언트 같은 농구선수를 광고 모델로 쓴 결과입니다. 최근에는 드레이크, 나스 등 래퍼들의 가사 16개를 스프라이트 캔 디자인에 적용하는 'Obey Your Verse' 이벤트를 진행했습니다.

국내에서도 힙합 마케팅이 많아지고 있습니다. 몇 년 전 현대카드는 '옆길로새'라는 재미있는 힙합 동영상을 만들어 호평을 받았고, 현대자동차도 'Brilliant Is'라는 캠페인을 통해 전 세계 고객들의 사연을 랩으로 만든 '브릴쏭'을 만들어 감동을 주었습니다(리쌍의 길이 프로듀싱을 맡았고, 스컬, 긱스, 지코, 매드클라운 등 16명의 힙합 뮤지션이 참여했습니다). 아디다스는 〈쇼미더머니〉와 〈언프리티 랩스타〉를 후원하고 래퍼 도끼를 내세워 젊은 세대의 인기를 나이키로부터 빼앗는데 성공했습니다. 2016년에는 그해 무려 119세가 된 활명수가 '미인활명수'라는 여성용 소화제를 홍보하기 위해 만든 바이런 뮤직비디오에 여성 래퍼 자이언트 핑크와 도끼를 출연시켜 화제가 되기도 했습니다.

《블룸버그 비즈니스위크》에 '슈퍼쿨 코리아Supercool South Korea'라는 기사가 실린 적이 있습니다. 글로벌한 한류의 인기를 다룬 기사였는데요. K-POP과 K-드라마, K-푸드로 인해 우리나라의 이미지가 엄청 쿨해졌습니다. 이른바 'K-컬처'는 전 세계 10대들의 서브컬처로 자리잡아 가고 있습니다. 글로벌 브랜드들이 쿨해지려고 한국의 라이프스타일을 제품에 접목시킬 날이 곧 올 것 같습니다.

난 호기심의 괴물
젠틀몬스터

몇 해 전, 패션 '핫 아이템'으로 떠오른 '천송이' 선글라스를 기억하시죠? 배우 전지현으로부터 시작하여 지드래곤, 윤아, 제니 등 국내 스타들이 하나 둘씩 착용하면서 국내에서 입소문이 났던 메이드 인 코리아 브랜드 젠틀몬스터(이하 젠몬)입니다. 최근에는 리한나, 지지 하디드와 같은 할리우드 스타들의 착용 모습도 해외 언론에서 자연스레 포착되곤 했는데요. 우리나라의 패션 아이템이 유럽이나 미국에서 성공하기 어렵다는 고정관념을 완전히 부수고 글로벌 명품브랜드 루이비통의 투자도 받고, 괴짜 같은 컨셉의 18개 플래그십 스토어를 세계 패션의 중심지에 열었습니다.

개성만점 젠몬에 집중해야 할 이유가 또 있습니다. 동네 골목길을 나갈 때도 누구나 선글라스라는 아이템을 맘껏 착용할 수 있게 만들었다는 것, 그리고 연예인 같은 패셔니스트들만 가질 수 있었던, 요샛말로 '힙한' 감성을 대중화했다는 겁니다(영화 〈보헤미안 랩소디〉에서 파격적인 음악으로 무대에 등장할 때의 프레드 머큐리를 떠올려 보세요. 젠몬의 퍼스널리티를 느낄 수 있을 겁니다).

너 쫌 힙한데! "왜 선글라스는 진열대에 나열하여 똑같이 팔까?" "왜 샤넬이나 크리스찬 디오르의 패션 소품에 불과할까?" "왜 가격은 아주 싸거나 아주 비싸거나, 중간이 없을까?"

선글라스에 관한 수많은 "왜?"에서 2011년, 논현동에 첫 번째 플래그십 스토어를 열었습니다. 젠몬이 최초의 선글라스 쇼룸을 만든 셈입니다. 고객들의 시선을 사로잡기 위해, 존재감 없던 브랜드가 쿨하게 시도한 것은 쇼룸의 건물 외벽에 과감하게 보트를 박은 것인데요. 처음엔 마니아들이 단골이었다가 2014년 전지현 씨가 〈별에서 온 그대〉라는 한류 드라마에서 착용하면서 대중들에게 널리 알려지기 시작했고 중국에까지 입소문이 났습니다. 드라마 PPL이 절대 아니었고 전지현 씨의 개인 소장용 선글라스 중 하나였다고 합니다.

위 · 아래 젠틀몬스터 논현동 최초의 매장이자 쇼룸
보트가 벽면을 뚫고 들어간 인테리어가 시선을 사로잡는다
오른쪽 현재 젠틀몬스터 신사동 서울

다양한 로봇들이 쿵후 동작을 하는
젠틀몬스터 글로벌 쇼룸(런던)

대한민국 최고의 셀럽이 행운을 가져다 준 것도 한몫을 했겠지만, 아마 그녀는 젠몬의 파격적인 쇼룸에서 개성 넘치는 디자인에 반해 이렇게 외쳤을 겁니다. "너 쫌 힙한데?"

참을 수 없는 이 존재감 무엇? 젠몬이 추구하는 개성은 새로움입니다. 패션이라면 누구나 주장할 수 있는 일반적인 개념이지만, 그 안에서도 "예측 불가능"이라는 개성의 모토를 갖고 있습니다. 흔히 브랜드 정체성을 지켜가는 것이 마케팅의 정설이라고 합니다만, 젠몬은 다른 주장을 합니다. 본인들의 감성 정체성이 특정하게 규정되는 것을 철저히 거부합니다. '예측 불가', 대체 그 브랜드에 뭐가 있는지 상상하지 못하는 브랜드를 만드는 것이 목표입니다. 쇼룸이라는 공간에서도, 제품에서도, 프로젝트성 이벤트나 다른 브랜드와의 콜라보에서도 전혀 예측할 수 없는 것을 창조합니다. 이상한 존재감, 그래서 호기심을 갖게 하는 것, 젠몬이 보여 주고 싶은 개성입니다.

Born to be 괴짜! 젠몬의 디자인 컨셉은 "Weird Beauty", 이상한 아름다움입니다. 괴짜스럽습니다. 타겟은 나이와 상관없이 개성 있는 10대에서 50대까지의 대중인데요. 재미있는 것이 젠몬의 베스트셀러는 가장 평범한 디자인이라고 합니다. 혹시 젠몬의 CD모양 선글라스 보셨나요? 선글라스계의 오트쿠튀르(Haute Couture)를 표방한 건데요. 이런 괴짜 같은 제품을 만든 이유에 대해 이렇게 말합니다. "누구나 무난히 살 것 같은 선글라스만 있으면 우리의 기본 디자인이 예뻐 보이지 않을 거예요. 막상 사지는 못하지만 괴짜 같은 선글라스를 써보고 사진 찍고 어딘가로 공유하고 다른 사람을 불러오게 해야

위 괴짜같은 젠틀몬스터 제품들
오른쪽 젠틀몬스터X알렉산더 왕 콜라보
아래 실험적인 퍼포먼스_버닝플래닛
'번 아웃된 현대인을 위한 위로' by 송민호

죠. 그래야 결국, 사람들이 우리의 기본 디자인에 집중하게 됩니다."

대놓고 Crazy하게!　쇼룸마다 컨셉은 다르지만 공통의 개성은 역시 '예측 불가능한' 공간입니다. 이 공간을 창조하기 위해 음악가, 요리사, 파티쉐, 조향사, 체육전공자 등 선글라스와는 전혀 관련 없는 전문가들이 공존합니다. 계동에 있는 목욕탕 쇼룸에는 '히스토리'를, 런던에는 유럽인들이 가장 아시아적이라고 생각하는 '쿵푸'를, 300평 상해 쇼룸에는 선글라스 매장 입구에 '큰 산'을 컨셉으로 했습니다. 제품을 꽉꽉 채워야 할 쇼룸에 이런 짓이라니 일반적인 상식으로는 참 크레이지하죠?

ART + Commercial = New Culture　젠몬은 아트와 커머셜의 밸런스를 통해 브랜드 컬처를 만듭니다. 브랜드가 아트에만 집중하면 대중들이 구매를 어려워하고, 커머셜에 집중하면 멋지지 않다고 생각하기 때문입니다. 쇼룸과 다양한 퍼포먼스 이벤트를 통해서 대중에게 아트를 제공하고, 셀럽들의 파워를 이용해 대중이 쉽게 받아들이는 커머셜을 보여 줍니다. 최근에는 글로벌 유명 힙합가수 카니에 웨스트와 음악 작업을 했고, 2018년 가을에는 위너의 송민호와 '번 아웃'이라는 컨셉으로 디저트와 퍼포먼스를 결합한 프로젝트를 했습니다. 놀랍게도 모든 표가 순식간에 매진되었다니 이 또한 쿨합니다.

7장

Be WARM

따뜻한 감성 브랜드

#따뜻함과_유능함

#친절

#미담

#극도의_고객서비스

#RAK(Random Act of Kindness)

#휴머니티_광고

#공감_위로_돌봄_행복

#브랜드_의인화

#위기관리와_인간미

#브랜드_온도

친절하고 따뜻한
휴먼 브랜드가 되라

'진정성'의 한자어는 두 가지 버전이 있습니다. 앞에서 한번 말한 적 있는데 기억하시나요? '진실하고 바르다'는 뜻의 眞正性과 '참된 마음'이라는 뜻의 眞情性이 그것입니다. '바를 정正'자를 보면 왠지 뜨끔하지만 '뜻 정情'자를 보면 마음이 편안하고 뭉클해집니다. 오랜만에 한자사전을 찾아보니 '情'자에 '마음의 작용'이라는 멋진 풀이가 달려 있습니다. '情'이라는 브랜드도 있지요? 오리온 초코파이 情. 북측과 남측 병사들의 마음을 연결하거나(영화 〈공동경비구역 JSA〉), 할머니와 손자를 말없이 교감하게 해주고(영화 〈집으로〉), 사랑 고백의 매개가 되었던(드라마 〈내 이름은 김삼순〉) 그 초코파이 말입니다. 이번 장에서는 '따뜻한' 브랜드에 대해 이야기를 나눠 보겠습니다.

**유능함과
따뜻함**

———————————

브랜드에 따뜻함warmth이 왜 필요할까요? '브랜드 개성brand personality' 연구의 대가인 제니퍼 아커 교수는 자신이 과거에 제안했던 브랜드 개성의 다섯 가지 차원, 즉 성실성sincerity, 역동성excitement, 역량competence, 세련됨sophistication, 강인함ruggedness을 딱 두 개의 차원 즉 '유능함'과 '따뜻함'으로 압축하고, 에밀리 가빈스키, 캐슬린 보스 교수와 함께 존경받는 브랜드의 조건에 대한 공동연구를 실시했습니다. 연구 결과, 유능함과 따뜻함 모두 존경받는 브랜드가 되기 위한 필수 조건이며, 브랜드에 대한 존경심이 구매 의도에 영향을 주는 것으로 나타났습니다. 이 연구자들은 유능함과 따뜻함의 높고 낮음을 기준으로 아주 재미있는 4사분면을 제시했는데요. 유능함과 따뜻함이 모두 높은 브랜드는 '존경'을 받는 반면, 유능함이 높은데 따뜻함이 낮은 경우 '질시'를, 따뜻함은 높은데 유능함이 낮은 경우 '동정'을 받는다고 했습니다. 둘 다 낮은 브랜드는 '경멸'을 받고요. 그러니까 따뜻함을 가진 브랜드는 실력이 동반될 때 '존경'을 받고, 그렇지 못하더라도 최소한 '동정'은 받는 셈입니다. 이 연구는 또 유능함이 구매에 미치는 긍정적 영향이 따뜻한 브랜드의 경우 더욱 강해진다는 사실도 밝혔으니, 따뜻함이 브랜드가 갖추어야 할 '미덕virtue'임은 분명한 것 같습니다.

		유능함	
		High	Low
따뜻함	High	존경	동정
	Low	질시	경멸

따뜻한 브랜드는 '친절kindness'을 매우 중시합니다. 온라인 신발판매 업체 자포스Zappos는 친절한 고객 응대의 전설이 되었는데요. 한 고객이 어머니를 위해 자포스에서 신발을 샀는데, 어머니가 이 신발을 한번 신어 보지도 못하고 돌아가셨습니다. 이 사실을 알게 된 회사가 규정을 어기면서까지 환불 조치는 물론 고객에게 조화와 카드를 보냈다는 이야기 들어 보셨죠? 자포스 창업주인 토니 셰는 "친절은 언제나 더 멋진 일을 만듭니다"라고 했는데, 이 말이 참 멋진 것 같습니다. '극도의 고객 서비스extreme customer service'라는 말은 아마존의 제프 베조스 회장이 평소 즐겨 쓰는 말인데요, 그래서 아마존이 자포스를 인수한 것이 아주 자연스럽게 이해됩니다.

미국의 노드스트롬 백화점, 일본의 다카시마야 백화점도 '극도의' 고객서비스에 관한 한 타의 추종을 불허하는 기업입니다. 손님의 발에 딱 맞는 구두를 찾기 위해 12켤레 박스를 들고 나타난 직원, 고객이 회의에 입고 가야 한다는 말에 셔츠를 다려 준 직원 등 고객 감동에 목숨을 건 노드스트롬 백화점 직원들 이야기나, 돈이 부족하니 포도 20알만 팔 수 없겠냐는 중년 여성 고객에게 가장 잘 익은 포도알을 골라 정성스럽게 포장해 준 다카시마야 백화점 직원의 미담은 수십억 원을 들인 광고보다 더 강한 흡입력이 있습니다(포도를 사갔던 여인의 딸은 혈액암 투병 중이었고, 한 달 후에 세상을 떠났습니다).

친절이
마케팅보다 강하다

미담이 마케팅보다 강력한 이유는 '체험된 친절'만이 비로소 생명력을 갖기 때문입니다. 입을 떠나 허공을 배회하는 마케팅 문구는 아무 힘이 없습니다. 체험이 되고 팩트가 된 마케팅, 즉 진정성이 입증된 마케팅만이 효과를 낼수 있습니다. "보다 좋은 세상을 만드는 것"을 브랜드 사명으로 내세운 팀버랜드나 "세상에 행복을 배달한다Delivering Happiness"는 철학을 강조하는 자포스는 홍보문구 때문이 아니라 '실천'을 통해 따뜻한 이미지를 얻게 된 것입니다. 아웃도어 패딩 브랜드 네파Nepa는 2015년 겨울에 "따뜻한 세상"이라는 캠페인을 전개한 적이 있는데요. 말만 들어도 따뜻해지는 이 캠페인은 소비자가 직접 미담을 찾아내어 웜패딩이라는 공식 사이트에 추천하고 네파가 '따뜻한 패딩'의 주인공을 찾아내는 소비자 주도형 캠페인이어서 더 좋은 반응을 얻었습니다. 그해 따뜻한 패딩의 주인공은 90여 명에 달했습니다.

'갓뚜기'라는 닉네임이 생길 정도로 훈훈한 미담으로 존경받는 브랜드 오뚜기나, 잊을 만하면 한 번씩 밝혀지는 선행으로 '미담 제조기'가 된 LG, 굶주린 이웃을 위해 60년 넘게 빵을 나누고 있는 성심당 등 국내에도 따뜻한 브랜드가 늘어나는 것은 아주 바람직한 현상입니다. 소셜 미디어의 시대에는 지적 특성인 '유능함'보다 사회적 특성인 '따뜻함'이 더 중요해져서 점점 더 많은 사람들이 미담에 집중하는 것 같습니다. 하지만 그만큼 미담을 조작하거나 활용하려는 유혹도 많아지고 있으니, 소비자나 기업이나 '미담을 대하는 아주 적절한 자세'가 필요한 것 같습니다.

깜짝 선물 이벤트가
노리는 것

친절을 마케팅 캠페인으로 발전시킨 한 기법이 'Random Act of Kindness(줄여서 RAK, 혹은 랜카)'입니다. '임의의 작은 친절' 정도로 번역될 수 있는 RAK는 소비자에게 깜짝 선물을 주어 감성적인 관계를 맺는 방법입니다. 인터넷 꽃배달 업체인 인터플로라가 트위터에 올라온 글을 검색하여 격려가 필요한 이용자에게 꽃을 배달하고, 클리넥스가 페이스북 타임라인을 모니터링하여 티슈가 필요한 상황에 처한 사용자에게 직접 클리넥스 키트를 전달하는 식이지요. 깜짝 선물을 받은 소비자는 당연히 소셜 미디어에 자랑하고 사진을 올릴 테니 자연스럽게 이 브랜드의 따뜻한 이미지가 파급되겠지요. 네덜란드 항공사 KLM은 승객 중 랜덤으로 한 사람을 선정해 그 사람의 SNS를 분석하고 성향과 필요한 선물을 파악하여 탑승 시 깜짝 증정했습니다. KLM의 뉴욕행 항공기에 탑승한 풋볼 팬에게 뉴욕의 풋볼 관련 바bar들을 모두 형광색으로 표시한 관광책자를 선물하

'사건'에는 엄청난 찬사가 쏟아졌습니다. 하지만 '과연 랜덤일까' 하는 의혹과 '뇌물성' 깜짝 선물에 대한 소비자의 반감이 증가하면서 요즘은 RAK가 드물어졌습니다. 진정성 마케팅이 얼마나 어려운지 잘 나타내는 사례 같습니다.

고객에게 선물하는 것 자체가 나쁜 것은 절대 아닙니다. 하지만 '대가성 뇌물'이 되어서는 안 되고, 순수한 의미의 특별한 경험이 되어야 할 것 같습니다. 『스틱』이라는 책으로 스토리텔링의 대가가 된 스탠포드 대학의 칩 히스 교수는 『순간의 힘The Power of Moments: Why Certain Experiences Have Extraordinary Impact』이라는 2017년 저서에서 고객의 '결정적 순간defining moment'을 포착하는 것이 중요하다고 말합니다. 히스 교수는 결정적 순간을 '고양elevation의 순간' '통찰insight의 순간' '긍지pride의 순간' '교감connection의 순간'의 네 가지로 분류했는데, 저는 작은 것에서 고객이 흥분하는 감동의 순간인 '고양의 순간'이 가장 멋진 것 같습니다. 호텔에 투숙한 고객이 "지난번 방문 때 요청하셨던 베개를 준비했습니다. 변경을 원하시면 베개 메뉴를 참조해 주세요"라는 작은 메모를 침대에서 발견했을 때(리츠칼튼 호텔), 수영

장 옆의 빨간 '아이스크림 직통 전화기'로 요청하면 정장을 입은 직원이 은쟁반에 아이스크림을 무료 서비스로 내오는 순간(매직캐슬 호텔), 당신은 이 브랜드를 죽을 때까지 사랑하겠노라고 조용히 다짐하게 되지 않을까요?

울컥하는
휴머니티 광고

갈수록 온기가 느껴지는 광고가 많아지고 있습니다. 이런 걸 '휴머니티 광고'라고 부르는데요. 제품의 기능이나 컨셉을 소개하는 대신, 감동스러운 메시지를 통해 브랜드의 인간미를 부각시키는 것이 목적입니다. 현대자동차는 2015년에 '메시지 투 스페이스^A Message to Space'라는 4분짜리 광고를 만들었습니다. 그런데 이 광고가 폭발적인 호응을 얻어 전 세계 광고 중에서 유튜브 조회수 2위를 차지했습니다. 우주정거장에서 일하는 아빠를 보고 싶어 하는 딸 스테파니가 이 광고의 주인공인데요. 하트가 들어간 이 아이의

손글씨 편지를 아빠가 우주에서도 볼 수 있게 제네시스 11대로 미국 네바다 주의 사막에 바퀴자국을 내는 프로젝트를 소개한 영상입니다. 이 광고는 미국 3대 방송사와 영국 BBC 등 전 세계 언론에 뉴스로 나갈 정도로 히트를 쳤는데, 그 이유가 뭘까요? 사막 모랫바닥에 GPS 수백 개를 심고 일사불란한 주행으로 바퀴자국을 내는 일, 그 자국이 우주정거장의 아빠가 볼 때까지 지워지지 않게 하는 노력, 그러니까 제품은 뒤로 가고 사람과 그 '마음heart'을 앞세운 진심이 담긴 메시지에 모두가 공감했기 때문입니다. 화려한 광고는 눈길을 끌지만, 따뜻한 광고는 마음을 끕니다.

휴머니티 광고와 휴머니티 마케팅은 공감, 위로, 돌봄, 행복이라는 키워드를 중심으로 돌아갑니다. 아빠와 딸의 마음을 연결한 현대자동차의 광고는 2016년 슈퍼볼 광고 '첫 데이트'에서도 이어졌고, 올림픽 선수들의 엄마들을 후원하는 P&G의 광고 '엄마, 고마워요Thank You, Mom'는 스포츠의 감동과 중첩되면서 수많은 시청자들을 울렸습니다. 동아제약의 박카스 광고는 늘 어려운 현실에서 열심히 살아가는 청년들을 격려하는 메시지를 전달하여 좋은 반응을 얻고 있는데, 2018년에는 '나를 아끼자' 엄마편, 아빠편 광고를 통해 큰 감동을 주었습니다. 특히 엄마편의 "가장 많이 참고 일하고 배우며 해내고 있는데… 엄마라는 경력은 왜 스펙 한 줄 되지 않는 걸까?"라는 내레이션에는 경력이 단절된 엄마들의 격한 호응이 이어졌습니다. 경동제약의 진통제 그날엔은 ASMR(자율감각 쾌락반응)이라는 기법의 광고로 좋은 반응을 얻었는데요. 별다른 스토리나 제품 소개 없이 가수 아이유가 속삭이면서 위로의 말을 전하고 "아프지 마세요 호~"라고 말합니다. 이제 가족이나 친구보다 브랜드에게서 위로를 받는 시대가 된 것 같습니다.

최근 사례 한두 가지만 더 말하고 싶습니다. GS칼텍스는 콜센터 상담원에 대한 언어폭력을 막기 위해 '마음이음 연결음'이라는 광고 캠페인을 전개하여, 전화상담원도 누군가의 가족이자 소중한 사람이라는 인식을 이끌어 냈습니다. 뚜루루 하는 전화 연결음 대신 "제가 세상에서 제일 좋아하는 우리 엄마가 상담드릴 예정입니다"라는 아이의 목소리가 흘러나오는 식입니다. 그 결과 상담원의 스트레스는 54퍼센트 감소했고, 고객의 친절한 말은 8퍼센트 증가했다고 합니다. 삼성전자도 '보이스 포에버'라는 광고에서 희귀질 환을 앓는 엄마의 목소리를 음성인식 애플리케이션인 빅스비에 구현하여 딸과 소통하는 스토리를 담았는데, 인도에서 방영된 이 광고가 전 세계의 호응을 얻어 역대 최단기로 유튜브 조회수 1억 건을 돌파했습니다.

브랜드의 의인화, 그리고 인간화

사람의 인간성을 한 면만 보고 판단할 수 없듯이, 브랜드도 다양한 측면의 '인간적인 모습'을 보이려는 노력이 필요합니다. 여러 각도에서 본 모습이 합쳐져서 진정한 인간미가 형성되는 것이니까요. 그래서 요즘 기업들이 인간적인 매력도를 높이기 위해 다양한 노력을 하고 있습니다.

브랜드의 인간적인 매력, 즉 인간미를 높이는 한 가지 방법으로 브랜드의 '의인화anthropomorphism'를 생각해 볼 수 있습니다. 미쉐린 타이어처럼 사람 모양의 브랜드 캐릭터를 만들거나, 앤트 제미마 시럽이나 김혜자 도시락처럼 브랜드를 특정 인물과 동일시하는 방법도 브랜드의 인간미를 높이는 좋은 방법입니다. 직원의 얼굴을 제품 패키지나 웹사이트, 혹은 냉동트럭에 붙이는 것도 효과적이라고 합니다. "청소가 없었다면 인류의 문명은 먼지에 덮여 사라졌을지도 모른다"로 시작하는 삼성 청소기 광고에는 삼성전자 사장님의 얼굴이 등장했습니다. 그것도 발명왕 에디슨의 모습에 얼굴만 합성한 채로 말이지요.

최근 오스트리아 인스브룩 대학의 롤랜드 슈롤 교수 팀은 보다 혁신적인 의인화 방법을 발견했는데요. 이들의 연구에 따르면, 브랜드 로고를 손글씨로 디자인하는 것만으로도 브랜드를 인간화humanize할 수 있다고 합니다. 맥도날드, 러쉬, 린트 초콜릿 등의 패키지를 잘 살펴보면 (당연히 인쇄된 것이지만) 사람이 쓴 것 같은 글씨체로 로고와 설명이 적힌 경우가 많은데, 이런 손글씨는 제품 뒤에 있는 '인간의 존재'를 일깨워서 소비자와 제품의 감정적 애착을 만들고 이는 긍정적인 제품 평가와 구매 의도로 이어진다는 것입니다.

다소 억지스러운 의인화의 예이지만, 최근 SK하이닉스는 반도체를 의인화한 광고를 내놓아 재미를 보았습니다. 저에게는 허리춤에 반도체를 끼운 남녀의 모습이 다소 엽기적으로 느껴졌지만 젊은 층에는 효과적으로 어필했던 것 같습니다. 주요대학 이공계 학생을 대상으로 한 설문조사 결과, 응답자의 75퍼센트가 이 회사에 대한 호감이 높아졌다고 하니까요.

브랜드의 온도

따뜻한 인간미를 가진 브랜드는 위기에 강합니다. 요즘같이 급변하는 시대에는 어느 브랜드나 위기 상황에 맞닥뜨릴 수 있습니다. 그때 차가운 브랜드는 비난을 받지만, 따뜻한 브랜드는 동정을 받습니다. 중국에서 생산된 완구제품에서 납이 검출되어 큰 위기에 처했던 장난감 브랜드 마텔Mattel은 진심 어린 사과로 위기를 모면했습니다. '아이를 가진 부모의 마음'으로 그동안 인간적인 모습을 자주 보였기 때문에 절체절명의 순간에 소비자들의 동정을 얻은 것입니다. 로버트 에커트 마텔 CEO의 사과문에도 "아이 네 명의 아빠로서 사과하고 또 사과합니다"라는 말이 들어 있습니다.

바로 앞장에서는 '쿨cool'해야 한다고 했는데 이번 장에서는 '따뜻warm'해야 한다고 하니 독자들이 좀 헷갈릴 수도 있을 것 같아 몇 자 덧붙입니다. 앞에서 말했듯이, 쿨함은 어떤 의미에서 '핫hot'함과 동의어입니다. 둘 다 폭발적인 인기를 끌어낼 정도의 멋짐을 말하니까요. 그런데 따뜻함은 쿨함도 아니고 핫함도 아닌 '적당한 온기', 그러니까 인간의 체온과 유사한 정도의 적당한 온도를 요구합니다. 그래서 쿨한 브랜드는 취향에 따라 호불호가 갈릴 수 있지만, 따뜻한 브랜드는 모든 사람이 좋아합니다. 그리고, 쿨함은 '개성'과 '자율autonomy'에서 오고, 따뜻함은 '연민'과 '공감compassion'에 기인합니다. 두 가지가 서로 다를 뿐 더 좋고 나쁘고는 없습니다. 자신에게 맞는 온도를 찾으면 됩니다.

당신의 브랜드 온도는 몇 도인가요?

사람들을 미소 짓게 합니다
빙그레

'온 가족이 다 함께~'라는 노래로 시작되는 송창식 씨의 오래 전 CM송 광고를 기억하세요? 바로 빙그레의 장수 브랜드 투게더 아이스크림입니다. 아버지가 퇴근길에 사다 준 아이스크림이라는 따뜻한 감성을 전달했는데요. 가족의 진정한 의미를 돌아보게 했습니다.

빙그레의 또 다른 장수 브랜드인 바나나맛 우유는 요즘에도 하루 80만 개나 팔린다고 하는데요. 최근에 '함께 놀아요, 뽑기'라는 추억의 놀이 캠페인을 통해 젊은 세대와 중년층 모두에게 즐거운 감성을 제공했습니다. 그뿐만이 아닙니다. 3년 전부터 빙그레는 한글날에 빙그레의 고유 서체를 만들어 대중들에게 무료로 배포하고 있는데요. '브랜드가 연상되는 서체'라는 시각적 감각을 소비자와 공유함으로써 브랜드와의 친밀감을 높입니다. 이렇듯, 오랜 시간 유지해 온 빙그레의 커뮤니케이션에는 인간다움이 묻어납니다.

요즘의 밀레니얼 세대들은 현실 같은 '실감(實感)소비'를 좋아한다고 하는데요. 브랜드를 먹고 마시고 보고 듣고 노는 아날로그의 경험을 통해 스스로 인간다움을 느끼고 브랜드와 감정적인 애착을 갖게 됩니다. 빙그레의 감성은 디지털 기술이 사람들에게서 빼앗아버린 인간다움을 그렇게 채우고 있습니다. 빙그레, 언제 들어도 우리에게 미소 짓는 듯한 그 이름 때문인가 봅니다.

그럼, 오랫동안 빙그레의 캠페인을 주도해 온 홍보담당 김기현 상무님을 만나 보겠습니다.

Q. 빙그레라는 한글 이름의 유래가 궁금합니다

빙그레의 사명은 도산 안창호 선생의 '빙그레 정신'에서 왔어요. 암울했던 일제강점기 시절, 우리 민족이 가져야 할 본연의 웃음에 대해 '갓난아이의 방그레' '젊은이의 빙그레' '늙은이의 벙그레'라고 하셨는데, 근심과 설움, 가책이나 혼탁 없이 양심에서 우러나오는 웃음 그 자체가 빙그레인 거죠. 밝은 미소를 가진 사람들이 모여 사는 밝은 세상을 꿈꾸신 겁니다. 우리나라에서 기업 이름 중 단어로서 유일한 한글 음가는 빙그레입니다.

Q. '투게더'는 아버지라는 존재를 통해 가족이라는 정체성을 일관되게 지켜왔는데요. 시대가 바뀌면서 지켜오기 쉽진 않았을 것 같은데, 그 비결이 무엇인가요?

위 바나나맛 우유 패키지
아래 2019년 새롭게 출시된 바나나맛 우유의 새로운 맛
바나나맛 우유 외에도 리치피치맛, 귤맛, 오디맛 등
요즘 사람들의 미각을 충족시키는 새로운 맛을 선보이고 있다

핵가족화에 심지어 1인가족도 나오는 시대에 가족을 중심으로 대용량 아이스크림을 마케팅하는 게 맞는지 고민을 많이 했죠. 결국, 저희는 기존 브랜드 자산을 이어가면서 진보된 투게더의 가족을 이야기해야 한다고 생각했어요. 그 변곡점에서 새로운 캠페인을 시도했습니다. 다양한 타겟들을 대표하는 네 명의 가수들에게 '가족 하면 떠오르는 사람이 누구인지 질문을 던지고 즉흥적인 답변을 뽑아냈던 캠페인이었는데요. 모두가 일반인으로서 가족의 소중함과 아버지에 대한 그리움을 담아냈죠. 감성 터치가 되었어요. 슬로건도 '가족사랑'을 새롭게 정의한 '투게더는 아빠입니다'로 바꾸게 되었어요. 결과적으로 이 시대의 가족을 더 강화시키게 된 거죠.

Q. 바나나맛 우유의 레트로 감성 '놀이'는 특별한 함의가 있는 건가요?

바나나맛 우유는 40년이 된 브랜드예요. 보통 브랜드가 타겟과 같이 나이 들면 점점 사라지는 경우가 많잖아요. 그래서 레트로(Retro)의 감성을 넣었어요. 바나나맛 우유 용기에 어릴 적 갖고 놀았던 팽이와 공기, 학종이 등의 아이템을 '카카오톡 선물하기'에서 무작위로 보내는 프로모션이었는데요. 나이든 세대에게는 어릴 때의 추억을 담고, 젊은 세대들은 레트로를 트랜디함으로 받아들일 수 있게 접근한 것이죠. 구매도 늘었고 브랜드가 신·구세대를 연결하는 역할을 했어요. PPL도 하지 않는데 방송 드라마에 자연스럽게 바나나맛 우유는 소품처럼 등장해요. 세대를 넘어, 누구에게나 어울리는 브랜드가 된 것이 아닐까요.

빙그레 추억의 놀이 캠페인 :
공기편, 팽이편

Q.   바나나맛 우유는 고유의 패키지가 한눈에 들어와요. 그만큼 그 모양이 친근감의 매개체라는 생각이 드는데요. 패키지의 탄생 이야기가 궁금합니다

단지라고 불리는 용기 디자인이야말로 바나나맛 우유의 가장 핵심인 정체성이자 상징이에요. 우리나라 전통 용기인 달 항아리의 모양에서 착안했어요. 고유한 한국인의 정서, 포근함, 귀여움 등 긍정적인 이미지를 담고 있죠. 출시 후, 로고 디자인을 제외한 용기 모양과 용량은 그대로 유지하고 있습니다. 이런 감성들이 오랜 시간 동안 하나의 아이콘으로 남아 있는 거예요.

Q.   바나나맛 우유를 모티브로 한 옐로우 카페는 어떤 의미가 있나요?

바나나의 노란색을 이용하여 바나나맛 우유의 맛을 다양한 감각으로 경험할 수 있게 만든 공간이죠. 제품을 맛보고 구경하고 체험하는, 브랜드를 즐기는 곳이라 생각하면 됩니다. 온라인을 통해 인기리에 판매했던 3종(링거 스트로우, 러브 스트로우, 자이언트 스트로우)의 빨대를 살 수 있는 브랜드 샵도 내부에 있고요. 이 공간은 디지털 시대에 아날로그적 감성으로 소비자와 감성적 교류를 나누게 했어요.

Q.   빙그레 폰트들은 고객들에겐 일종의 브랜드 체험이 되는 건가요?

빙그레 서체를 만든 데는 특별한 의미가 있어요. 저희 창립기념일이 한글날이거든요. '빙그레'라는 사명이 한글이니까 한글과 관련된 사회공헌활동으로 고

제주도 옐로 카페

빙그레 마이 스트로우(my straw)
기발하고 젊은 감각의 빨대로
브랜드의 친밀감을 높인 제품

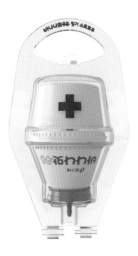

객 누구나 다 쓰는 서체가 있었으면 좋겠다는 의미에서 시작했어요. 특히 훈민정음의 제자원리에 충실했어요. 각 글자마다 초성 중성 종성 음소가 다 떨어져 있는 것이 한글의 원래 모습이니 그런 것들을 최대한 지켰고, 그런 원칙에 맞춰 음가가 있는 모든 글자를 다 만들었습니다. 첫해에는 빙그레체를 개발했고요, 2018년 한글날에는 '자연에서 갓 따옴'에서 따옴체를 만들었어요. 서체라는 것이 시각적인 브랜드 체험이 될 수 있는 겁니다.

8장

Be TALKATIVE

수다쟁이 브랜드

유머와 공감으로 소통하는
브랜드가 되라

친구들 중에 수다쟁이 친구가 꼭 한 명은 있죠. 아무리 생각해도 없다고요? 그렇다면 아마 당신일 겁니다. 뭔가 말하지 않고는 못 배기는 사람, 다른 사람들의 반응이 궁금해서 못 참는 사람, 소통과 공감에 목마른 수다쟁이들은 정이 많은 사람입니다. 모든 모임에는 촉매 역할을 하는 수다쟁이가 있습니다. 브랜드 중에도 수다쟁이 브랜드가 있습니다.

마케팅이나 광고에 대해 좀 아시는 분들은 USP라는 말을 들어 보셨을 겁니다. USP^{Unique Selling Proposition}는 제품이나 서비스의 고유한 핵심가치를 함축하여 한 단어나 한 문장으로 표현한 것을 말합니다. "볼보 자동차는 안전을 중시합니다. 볼보 포 라이프Volvo for Life!" 이런 식으로 말이죠. 그런데 마케팅 커뮤니케이션의 금과옥조로 여겨지던 USP가 요즘 도전을 받고 있습니다. 그리고 그 대안으로 HSPHolistic Selling Proposition라는 말이 등장했습니다. '총체적 판매제안'이라 할까요. 브랜드의 한 측면이 아닌 전체적인 모습을 보여 주어야 한다는 뜻입니다.

군이 '한마디'로 브랜드를 표현해야 하는 이유가 있나요? TV광고가 마케팅의 거의 유일한 도구였던 시절에는 15초, 20초의 제한된 시간 안에 할 수 있는 이야기는 많지 않았고, 그 짧은 시간에 많은 이야기를 해서도 안 되는 상황이었습니다. 하지만 소셜 미디어가 넘치는 오늘날, 부족한 것은 소통 채널이 아니라 스토리입니다. 우리가 증명사진보다 페이스북을 신뢰하는 이유는 한 사람의 다면적인 모습을 알 수 있기 때문인데요. 브랜드도 자신의 얼굴USP뿐 아니라 옆모습과 뒷모습 등 '전체적인 모습HSP'을 고객에게 보여 주어야 합니다. 아리스토텔레스는 설득의 세 가지 요소인

에토스^{ethos}, 파토스^{pathos}, 로고스^{logos} 중에 화자의 특성, 그러니까 체형, 자세, 목소리, 명성, 성실성, 신뢰, 기교, 카리스마를 말하는 에토스가 가장 강력한 도구라고 했습니다.

수다로 쌓아가는
친밀감과 우정

수다는 친밀감을 만들고 친밀감은 관계를 강화합니다. '배달의 민족(배민)'을 창업한 김봉진 대표는 '고객과 잘 노는' 것이 배민스러움의 하나라고 말했는데(홍성태 저, 『배민다움』 참조), TV와 잡지광고에서 맛깔나는 유머로 왕수다를 떠는 것은 기본이고, 아주 재미있는 고객참여형 이벤트를 끊임없이 개최합니다. '배달음식으로 n행시 짓기(치킨 2행시, 탕수육 3행시 등)'를 포함한 신춘문예나 치믈리에 자격시험 같은 거죠. 옥외광고도 "경희야, 넌 먹을 때가 젤 이뻐"라는 카피처럼 이름을 붙여서 전국의 동명('경희'들) 소비자들과 가족, 친구들의 폭발적인 반응을 끌어내는 데 성공했습니다(참고로 이때 등장한 혜수, 여진, 도연 등의 이름은 배민 직원 100명의 이름이었다고 합니다).

인천공항 근처에 있는 스카이72 골프 앤 리조트도 유머 소통의 달인입니다. 춘천마임축제 총감독을 맡고 있는 문화마케팅의 대가 황인선 대표가 쓴 『동심경영』에서는 스카이72를 아예 '유머 천국'이라고 불렀습니다. '스카이캐디 10계명'의 1계명이 "첫사랑을 만난 듯 설렘으로 고객을 만나게 하소서"이고, 2계명은 "어제 실연당한 분도 코스에서 웃게 만드는 웃음 바이러스 보균자 되게 하소서"니까 아예 웃기려고 작정을 한 곳이지요. 이 골프장 곳곳에는 인생에 대한 통찰이 가득한 유머 글판들이 있습니다. 유머와 감동이 결합된 소통은 고객을 친구로 만듭니다.

재미있는 농담은 마음의 문을 엽니다. '유머 어필humor appeal' 이론에 따르면, 사람들은 웃을 때 '내가 이 대상을 좋아하고 있구나'라고 생각하게 되어 호감을 형성하게 된다고 합니다. 좋아서 웃는 게 아니라 웃으니까 좋아지는 거지요. 저가항공의 대명사가 된 사우스웨스트 항공은 항공여행의 피곤함을 덜어 주겠다며 기내방송을 합니다. "어린 자녀

들과 함께 있다면 아이들을 돕기 전에 당신의 산소마스크를 먼저 착용하십시오. 만일 두 아이와 함께 있다면 어느 아이를 더 사랑하는지 지금 결정하세요." 이 부분에서 승객들이 키득거리기 시작합니다. "기내 흡연은 법으로 금지되어 있습니다. 흡연은 날개 위에 마련된 라운지를 이용해 주시기 바랍니다. 오늘 라운지 상영 영화의 제목은 '바람과 함께 사라지다'입니다." 빵빵 터지지는 않지만 승객들은 이 썰렁한 유머에 흐뭇한 미소를 지으며 '참, 애쓰는구나' 하고 감동하게 됩니다.

경제가 어려울 때일수록 유머 어필의 효과는 커집니다. 잡코리아는 직장인들이 실제로 겪은 다양한 스트레스 상황을 설정해서 이직을 권유하고, 박카스는 다양한 시리즈 광고를 통해 재미있는 반전을 선사하면서 피로사회를 사는 현대인들의 마음을 흔듭니다. 에너지 드링크 핫식스도 '청춘차렷, 정신차렷' 광고로 바쁘게 사는 청춘들의 '웃픈' 에피소드를 통해 소비자들의 공감을 이끌어 낸 적이 있습니다.

배민이 농담꾼이라면 한화생명은 잔소리꾼입니다. 이

회사는 두 살짜리 '잔소리 베이비' 알렉스를 통해 '당신밖에 모르는 한화생명의 따뜻한 잔소리'라는 캠페인을 런칭했는데, 일주일 만에 다음TV팟에서 3만 회의 조회 수를 기록했습니다. 사람들이 잔소리를 듣기 싫어하면 어쩌나, 하는 걱정도 있었지만 요즘은 혼자 지내는 외로운 사람들이 워낙 많다 보니 가까이에서 진심으로 걱정하는 잔소리에 따뜻함을 느끼게 되는 것 같습니다. 이렇게 가까이서 말을 거는 브랜드 커뮤니케이션을 '가디언십guardianship'이라고 하는데요. 현대카드는 'Make Your Rule' 캠페인에서 "단 한 번이라도 네 생각, 네 방식대로, 너만의 게임을 뛰어본 적이 있는가? 네가 뛰고 있는 이 게임의 이름은 인생. 이기고 싶다면, 너만의 주먹을 뻗어라"라는 카피로 애정 어린 돌직구를 날려 큰 공감을 얻었습니다.

소통을 통해 고객과의 '우정'을 쌓아가는 브랜드도 있습니다. 가방 브랜드 로우로우 이야기입니다. 창업 2년 차 때, 전역과 복학을 앞둔 한 청년을 위해 맞춤제작한 가방('민우가방')은 고객과의 소통과 협업을 중시하는 로우로우 브랜드 철학의 모태가 되었고, 친구 같은 브랜드 이미지를 구축하는 계기가 되었습니다. 로우로우는 출산한 직원을 위해 기저귀 가방을 만들기도 하고, 노숙자를 위한 잡지 《빅이슈》와 협업을 통해 판매원을 위한 조끼를 만들기도 했습니다. 단돈 2천만 원으로 '가방장사'를 시작했던 이 회사의 창업주 이의현 대표는 "이럴수록 저희는 제품을 더 진실되게 만들려 노력하게 됩니다"라고 말했습니다.

브랜드 팬덤

고객과 소통을 많이 하면 팬이 만들어집니다. 앞에서 말한 배민의 팬클럽 이름은 배짱이인데요, '배민을 짱 좋아하는 사람들의 모임'이라는 뜻입니다. 이들 배민 덕후들은 충성 고객이기도 하지만 사원만큼이나 애사심을 가지고 다양한 아이디어를 통해 회사 발전에 기여하고 있다고 합니다. '대륙의 실수'라는 애칭이 있는 중국 샤오미도 팬덤 관리를 아주 잘하는 것으로 유명한데, 팬클럽 '미펀(米粉,

MiFan, 샤오미펀이라는 쌀국수 이름과 동일)'의 회원은 무려 1억 명에 달합니다. 샤오미는 창업 초기 운영체제 '미유아이^{MIUI}'의 개발 과정부터 사용자들의 의견을 반영해 왔고, 팬클럽 회원들은 CEO 레이쥔과 직접 디자인 관련 미팅을 하고 신규 아이템 개발에 참여합니다. 샤오미의 공동창업자인 리원창은 "참여감이야말로 샤오미의 영혼이다"라고 말합니다 (리원창 저, 『참여감』 참조). 그래서 샤오미는 신제품을 발표하는 공개 행사를 "미펀 페스티벌"이라 부릅니다.

재키 후바가 쓴 『광팬은 어떻게 만들어지는가^{Monster} $^{Loyalty:\ How\ Lady\ Gaga\ Turns\ Followers\ Into\ Fanatics}$』에는 가수 레이디 가가가 어떻게 열렬한 팬들('리틀 몬스터')을 만들고 소통했는지 그 비법이 잘 나와 있는데요. 이 책의 핵심을 제 나름대로 요약하면 다음의 네 가지입니다. 첫째, 신규 고객보다 기존 고객에게 집중하라. 둘째, 정신적 유대를 통해 결속하라. 셋째, 이슈를 만들어 결속력을 증가시켜라. 넷째, 이름, 심볼 등을 통해 정체성을 부여하라.

방탄소년단^{BTS}의 성공도 팬덤에 크게 의존하고 있는데, 레이디 가가가 소수자 보호를 외쳤다면 방탄소년단은 청춘의 고통과 압박감을 노래하여 팬덤('아미')의 결속력을 강화한 것 같습니다. 하지만 이런 성공 공식보다 더 중요한 것이 있습니다. 그것은 바로 소통의 '진실함'과 '성실성'입니다. 빌보드 뮤직 어워드 시상식에서 2년 연속 톱 소셜 아티스트 부문의 상을 받은 BTS가 그날 밤 주최측이 마련한 애프터 파티에 가지 않고 곧바로 숙소로 돌아와 카메라를 켜고 전 세계 '아미'들과 축하 파티를 열었다는 사실은 그들이 얼마나 팬을 소중하게 여기는지 말해 줍니다.

재미와 공감,
수다의 두 가지 핵심 무기

자, 그렇다면 팬을 만들기 위해 고객과 소통을 하긴 해야 할 텐데, 아무렇게나 수다를 마구 떨 수는 없고, 과연 어떻게 소통해야 고객과 친밀해질 수 있을까요?

첫째는 재미입니다. 재미없는 이야기는 친구를 잃게 만듭니다. 뭔가 깊이는 없어도 재미있는 수다를 떠는 사람의 말에는 귀를 기울이게 됩니다. 이런 걸 '빠져든다'고 하지요. 브랜드도 제품 자체보다는 삶에 대한 이야기를 재미나게 할 줄 알아야 합니다. 요즘 젊은 사람들이 좋아하는 스포츠 브랜드 칸투칸은 '칸투칸의 정신'을 홈페이지에 장황하게 설명합니다. 그중 하나에는 "술, 비 대신에 바다에 젖습니다. 취하지 않고, 헤엄치게 되었습니다. 정수리부터 야금야금 젖는 대신 한번에 젖는 법을 익혔습니다."라는 표현이 나옵니다. 참 재미있는 회사입니다. 자켓과 신발 제품 설명에서도 "속까지 꽉 채워서 속에서 열불" "영하의 날씨에 내 발은 포근"하다고 너스레를 떱니다. 남들이 우리 티셔츠는 기능성이 좋다, 운동화는 튼튼하다, 라고 말할 때 "바다에 젖는다"라고 말하는 회사, 칸투칸은 400만 명의 팔로워, 즉 팬을 가지고 있습니다.

칸투칸처럼 주로 소셜 미디어를 통해 소통하는 브랜드들은 유독 병맛 코드의 코믹한 광고를 많이 만듭니다. '정ㅍ몰'이라고 들어 보셨나요? '정말 건강에 미친 사람들의 몰'이라는 뜻의 정몰은 120년 전통의 진중한 홍삼 브랜드 정관장이 운영하는 온라인몰입니다. 그런데 이 회사가 격투기 선수 김동현이 택배기사로 등장하는 B급 광고를 만들어서 대히트를 쳤습니다. 광고를 내보낸 지 한달 만에 유튜브 조회수 50만 회를 기록했고, 2,30대 회원이 급증한 것입니다. 요즘 젊은 사람들은 재미있으면 퍼나르고 재미없으면 돈을 줘도 보지 않습니다. 그래서 소셜 미디어에서는 정통 브랜드들이 젊은 타겟을 겨냥해 과감한 변신을 시도하고 있습니다. 정통 조미료 미원은 '픽미원' '오 쏠래미원' 등 발음 유사성을 활용한 병맛 광고로 젊은 층과 소통을 시도한 바 있고, LG생활건강도 세탁용 세제 '피지' 광고에서 코믹한 멘트와 어설픈 랩으로 바이럴 효과를 톡톡히 보았습니다.

요즘은 브랜드 스토리를 마치 기자들이 뉴스를 내보내는 것처럼 전문 주제와 연결시키는 경우가 많아졌는데, 이런 현상을 '브랜드 저널리즘'이라고 합니다. 패션 브랜드들이 라이프스타일 잡지를 발간하거나, 금융 브랜드들이 VIP 고객을 상대로 문화예술 정보를 제공하는 것처럼 말이지요. 코카콜라는 언론사를 경유하지 않고 '코카콜라 저니Coca-Cola Journey'라는 잡지 웹사이트를 통해 직접 기사와 동영상을 고객들과 공유하고, 현대카드도 '채널 현대카드'라는 사이트를 통해 여행, 요리 등의 재미있는 콘텐츠를 공급하고 있습니다.

**공감은
소통의 갈고리다**

효과적인 수다의 두 번째 요소는 공감입니다. 공감은 같은 생각, 같은 느낌을 공유하는 것입니다. 제가 유럽 여행을 할 때 자주 이용하는 시티즌M^{CitizenM}이라는 호텔이 있습니다. '모바일 시티즌'을 위한다는 이 호텔에서 겪은 제 경험을 잠깐 공유하겠습니다. 순식간에 셀프 체크인을 한 후 감각적으로 디자인된 로비를 거쳐 객실에 들어서면, 침대 옆 미니 아이패드에 제 이름이 뜹니다. 짐가방을 내려놓고 킹사이즈 침대에 누워 이것저것 아이패드를 조작하여 무드 있는 조명으로 세팅하고 TV 채널을 선택한 다음, 투명 샤워부스에 들어섰다가 무심코 샴푸통에 쓰인 깨알 같은 글씨를 읽습니다. "무거운 짐가방을 끌고 장시간의 여행을 마친

당신을 다시 반짝반짝 빛나고 좋은 냄새가 나는 인간으로 만들어 드립니다." 그 문구를 보고 울 뻔했습니다. 호텔 객실 곳곳에 'CitizenM Says'로 시작하는 문구가 적혀 있습니다. 외로운 싱글 투어리스트는 이 문구들을 죄다 읽어 봅니다. "이 펜을 훔쳐 가서 집에 있는 사랑하는 이에게 편지를 쓰세요CitizenM says: steal this pen and write to a loved one back home"라고 적힌 펜은 당연히 떳떳하게 챙깁니다. 이런 호텔을 어찌 사랑하지 않을 수 있을까요?

KAIST 경영대학의 현용진 교수는 《동아비즈니스리뷰》에 기고한 글에서 '수평적 로열티'라는 흥미로운 개념을 제시한 적이 있습니다. 로열티loyalty, 즉 충성도는 원래 상하관계 즉 수직적 관계에서 발생하는 것인데, 오늘날 기업과 고객의 관계는 상호의존하는 양방향적 로열티로 진화하고 있으며, 대화와 공감이 그 촉매가 된다는 것입니다. 잘 생각해 보면 부모와 자녀, 상사와 부하 같은 수직적인 관계에서는 제대로 된 '대화'가 이루어지기 어렵습니다. 그러니까 고객과 정상적인 '대화'를 하려면 상하관계가 아니라 어느 정도 대등한 눈높이에서 친구가 되어 고객을 바라볼 필요가 있습니다.

　소통을 자꾸 해야 공감능력이 올라갑니다. 언제 뜨거운 반응이 오고 언제 썰렁해지는지 알게 되니까요. NS홈쇼핑은 '혼자 사는 남자의 집엔 특별한 무언가가 있다' '남자라면 한 번쯤 로망으로 생각하는 낚시여행'과 같이 일상적 소재를 다루는 '월간남자'라는 영상 콘텐츠를 통해 남성 고객의 공감을 얻어 수많은 팬을 보유하게 되었습니다. 2018년 한국인터넷소통협회의 종합대상을 받은 신한카드의 경우, 신상품 '딥드림' 카드를 홍보하기 위해 디비디비딥 게임의 '국가딥표 선발전'(오타 아님) 이벤트를 했는데 21만 명이 참여했고, 딥드림 카드 출시 10개월 만에 2백만 장 발급에 성공했습니다. 이 회사는 추석 명절 때 이른바 '귀틀막 잔소리 메뉴판'을 만들어 네티즌 사이에서 화제가 되었는데요. 결혼 질문은 15만 원, 취업 질문은 20만 원 등으로 책정하고('살 좀 빼야겠다'는 무려 5천만 원), "신한카드 결제 환영, 10퍼센트 부가세 별도, 후불 잔소리는 사양합니다"라고 메뉴판 아래에 적었습니다. 공감되는 소재의 힘을 잘 보여 준 사례지요.

혹시 아직도 '우리는 브랜드에 대해 말할 거리가 없는데 어떻게 하나요?'라고 생각할 수도 있을 것 같아서 한 가지 덧붙입니다. 미쉐린 타이어 이야기입니다(우리나라에서는 이상하게도 타이어를 말할 때는 '미쉐린'이라 하고 레스토랑 가이드를 말할 때는 '미슐랭'이라고 하는데, 저는 그냥 '미쉐린'으로 통일하겠습니다). 타이어 회사가 대중과 소통을 하고 싶습니다. 그런데 아무래도 타이어는 사람들이 별로 관심을 갖지 않는 주제인 것 같습니다. 그럼 어떻게 해야 할까요?

빙고. 잘 아시다시피 미쉐린은 이른바 '이동의 문화 culture of mobility'를 만들기 위해 여행 가이드가 되기로 했습니다. 그래서 수많은 도로에 표지판을 만들었고 번호를 붙였습니다. 지도를 만들고 호텔을 소개하고 멋진 레스토랑을 알렸습니다. 타이어의 연료 효율성에 대한 이야기는 듣고 싶지 않아도 여행 이야기는 누구나 좋아합니다. 문화 브랜드가 되기로 작정하면 이야깃거리가 떨어질 걱정은 사라지게 됩니다. 미쉐린은 100년이 넘도록 수많은 이들의 여행담을 소통하고 정보를 공급했으며 진정한 '여행의 동반자'가 되었습니다. 그 결과 미쉐린은 《포춘》이 선정한 '존경받는 기업' 순위에서 항상 최상위에 오르고 있으며, 딱딱한 타이어 이미지를 탈피하기 위해 만든 '비벤덤(이른바 타이어맨)'은 《파이낸셜 타임즈》가 선정한 20세기 최고의 기업 마스코트가 되었습니다.

이야기의 주인공이 되는 것이 어렵다면, 이야기의 배경이 되는 건 어떨까요? 123층, 555미터의 롯데월드 타워는 세계적인 랜드마크가 되기 위해 흥미로운 방식을 택했습니다. 높이 자랑이나 하는 다른 최고층 빌딩과 달리 문화 이벤트 및 콘텐츠의 '배경background'이 되기로 한 것입니다. 2014년 러버덕으로부터 판다 플러스, 슈퍼문, 카우스에 이르기까지 공공미술 프로젝트의 사이트가 되어 수백만 장의 인스타그램 이미지의 배경이 되었으며, 불꽃놀이와 새해 카운트다운 행사를 통해 전 세계 뉴스의 배경이 되었습니다(CNN 뉴스에도 현장 중계가 나갔습니다). 2018년에는 로맨틱 플레이스라는 이미지를 만들기 위해 〈그녀와 나 사이 555미터〉라는 웹드라마를 제작하기도 했습니다.

수많은 회의를 통해 과잉 수다를 떨면서도 정작 고객과의 대화는 단절한 채 담을 쌓고 지내는 기업들이 많은 것 같습니다. 소셜 미디어는 대화의 창구를 활짝 열었습니다. 최근에 SNS 마케팅의 성과와 효율에 대한 의구심이 일각에서 대두되고 있긴 합니다만, 시장 점유율보다 '마음 점유율 mind share'이 중요한 이 시대에 진실한 대화와 소통은 관계 맺기의 필수 요소입니다. 그리고 말이 잘 통한다면 오래오래 우정을 나누는 친구가 될 것이고, 브랜드가 위험에 처하거나 어려울 때 든든한 지원군이 될 것입니다.

아, 그런데 제가 수다를 너무 많이 떨었나요Too Much Talker? 이제 드디어 이 책의 마지막 장에 도달했습니다. 진정성을 높이는 마지막 방법은 무엇일까요?

유쾌한 대화쟁이 쇼핑몰
11번가

2018년 빅데이터가 분석한 젊은 세대들의 언어 중에서 가장 많이 언급된 단어는 '소통'이라고 합니다. 제품이나 브랜드가 그들에게 친화력을 높이기 위해서는 젊은 화법으로 대화하는 것이 기본임을 다시 일깨워 줍니다. 그러고 보니, 젊은 타겟들이 선호하는 브랜드들은 공통의 특징이 있습니다. 유머와 감동의 커뮤니케이션을 펼친다는 건데요. 그중에서 특히 20대들이 좋아하는 온라인 쇼핑몰 11번가를 소개합니다.

11번가는 재미와 개그 코드를 활용하여 소통합니다. 유쾌한 공감을 정체성으로 유지하고 있는데요. 웃긴 콘텐츠를 많이 만들어 전 방위적으로 펼치는 것도 효과적일 테지만, 11번가는 소통에 대한 근본적인 시각을 달리합니다.

온라인 쇼핑에서 진정한 소통을 말할 때는, 업의 본질이라 할 수 있는 앱이나 웹사이트와 같은 서비스의 실체에서부터 시작된다는 것이 가장 중요하다는 것을 강조합니다. 고객이 서비스를 사용하는 순간, 실질적으로 즐거운 경험을 제공받는 것이야말로 진정성 있는 유쾌한 소통이기 때문입니다.

쇼핑은 젊은 소비자들에게 즐거운 놀이입니다. 그래서 쇼핑은 절친과 함께 합니다. 쇼핑하면서 재미있는 수다도 떨고 내 스타일에 맞는 추천도 받을 수 있으니까요. 11번가는 그런 친구 같은 브랜드입니다. 이제부터 11번가의 마케팅을 담당하고 있는 하우성 그룹장님과 이영진 팀장님의 이야기를 직접 들어볼까요?

Q. 고객과 소통하는 11번가만의 노하우는 무엇인가요?

고객 관점의 스토리텔링이죠. 쇼핑이 고객에게 어떻게 혜택이 되고 의미가 있는지 생각해요. '11번가에선 많은 물건들이 굉장히 싸요'라고 말하지 않아요. '11월 11일에는 올 한해 열심히 살아온 스스로에게 선물하세요'라고 말하죠. 캠페인에서도 고객을 대표하는 인물이 일상에서의 불편함이나 서운하고 힘든 감정들을 11번가의 서비스, 상품, 행사 등을 통해 해결하고 치유하려고 합니다. 공감을 위해 유머나 개그와 같은 코믹 코드를 많이 활용하고요.

Q. 유쾌한 소통이 모바일 커머스에서 먹히는 이유가 무엇인가요?

최근 온라인, 모바일 상의 커머스는 파편화되거나 다변화 중이에요. 젊은 타겟

11〉

인연찾느라
열1일한 나에게

11〉

십1일1절에 선물을

11번가

안마해주느라
열1일한 나에게

들은 이런 트렌드에 맞춰 커머스를 이용하니까 고객을 향한 소통은 주로 젊은 타겟을 공략하거나 유지하고 강화하는 데 중점을 두고 있어요. 그러다 보니 그들이 공감하고 선호할 만한 톤 앤 매너와 소재를 찾는 게 우선이고요. 그 결과가 유머 코드로 나타나는 거죠.

Q. 유머가 자칫 가벼워 보이거나 잠재적으로 신뢰적인 측면에서 역효과도 나지 않을까 싶은데요.

소통의 이면에는 10년 동안 실제 서비스를 통해 쌓아 온 고객과의 신뢰가 깔려 있어요. 거기에 즐겁고 호감을 주는 커뮤니케이션에서 브랜드의 인지나 선호를 올리고 있기 때문에 신뢰감에 대한 우려를 하진 않아요. 다만, 유머 코드로 인해 누군가에게 혹시라도 불쾌감을 주지 않도록 노력해요. 고객의 피드백을 계속 모니터링하고 수정하고 교체하려고 하죠.

Q. 11월 11일마다 대박행진을 한다고 알려진 '십일절' 소통 캠페인에 대해 설명해 주세요.

11번가의 11에서 가져 온 십일절은 11월 11일을 한국판 블랙 프라이데이로 유도하기 위한 큰 쇼핑 이벤트예요. "열일한 나를 위해 십일절에 선물을"이라는 카피를 중심으로 캠페인을 펼쳤는데, 우리나라는 공부시간, 근로시간이 많은 나라니까 전 세대가 공감했어요. 메시지 확산 프로그램 중 하나로, 한 해 동안의 나의 열일과 십일절에 받고 싶은 선물을 적어서 SNS 등으로 공유하는 이벤트를 진행했는데, 온라인 접속률이 높은 젊은 고객들을 중심으로 1만 5천 명이 놀이처럼 참여했어요.

물론 다양한 디지털 플랫폼을 주로 활용해요. 고객의 즉각적 피드백을 얻을
수 있는 창구니까요. 그러나 11번가 자체 사이트(온라인, 앱)가 가장 중요하고
근본적인 소통 미디어라고 생각합니다. 국내 다섯 손가락 안에 꼽히는 엄청난
방문자를 갖고 있으니까요. 모든 고객의 개인화가 점점 더 고도화되고 있으므
로 각각의 개인적인 반응을 즉각적으로 확인할 수 있죠.

저희가 제공하는 고객의 경험적 요소가 다 소통입니다. 다양한 상품 구성, 합
리적인 가격, 결제에 대한 불편한 장벽을 없애는 것, 그래서 고객들로 하여금
저희 서비스에 락인(Lock-in, 소비자가 일단 어떤 상품이나 서비스를 구입·이용하기
시작하면 다른 유사한 상품 또는 서비스로의 수요 이전이 어렵게 되는 현상)될 수 있게 하
는 진정한 가치를 제공하려고 해요. 이것이 채널 플랫폼의 가장 중요한 소통
요소입니다.

맞습니다. 고객의 접점을 온라인, 모바일에서만 갖고 있는 저희 입장에서는 오
프라인의 고객 접점을 활용하는 것이 필요하죠. 대중을 위해 TV광고나 옥외

광고 등도 집행하고요. 특히 2018년 십일절 캠페인에서는 플랫폼 사업인 저희 장점을 살려 11번가에 입점한 오프라인 기반 브랜드의 매장들 즉, 고객 접점을 적극 활용한 것이 성과 중 하나예요.

Q. 온라인 쇼핑몰 11번가는 미래에 어떤 모습으로 더 크게 성장해 있을까요?

디지털 시대에 장기적인 설계란 있을 수 없죠. 내년이 어떻게 변할지, 어떤 기술이 등장할지도 모르고 타겟이나 시장환경도 어떻게 변화될지 그 누구도 모르거든요. 저희는 단지 고객에게 집착하려고 합니다. 현재의 고객이 느끼는 불만을 찾아내고 최선을 다해서 고객 서비스에 대한 완성도를 높이는 것만이 살길이라고 생각해요.

10주년 가격 프로모션
황당한 코믹 메시지 설정을 통해 큰 호응을 받았다

9장

Be an UNDERDOG

언더독 브랜드

#언더독_효과
#외적_불이익
#열정과_의지
#UBB(Underdog_Brand_Biography)
#우리는겨우2등입니다
#인디브랜드
#개성과_소신
#있어빌리티
#탑독이된언더독
#역전의_순간
#기다림과_인고의세월

열정과 의지로 똘똘 뭉친
언더독 브랜드가 되라

올림픽 농구 결승전을 상상해 보세요. 만년 우승팀 미국과 천신만고 끝에 결승에 진출한 동유럽의 한 팀이 금메달을 다투고 있다면 당신은 어느 팀을 응원할 것 같나요? 다 그렇지는 않겠지만 많은 사람들이 약팀, 그러니까 언더독을 응원할 것입니다. 언더독^{underdog}은 말 그대로 '밑에 깔린 개'입니다. 아메리칸 헤리티지 사전의 풀이에 따르면 '질 것으로 예상되는 사람'이고요. 언더독의 반대말은 '위에서 누르는 개' 탑독^{top dog}입니다.

언더독의 조건:
외적 불이익 & 열정과 의지

조지타운 대학 니루 파하리아 교수는 '요인 분석factor analysis'이라는 통계적 방법을 통해 언더독의 2가지 기준을 밝혀 냈습니다. 하나는 외적 불이익external disadvantage, 또 하나는 역경을 이겨 내려는 열정과 의지passion and determination 인데요. 이 두 가지 요인이 모두 높은 사람들이 비로소 언더독이라 불릴 자격이 있습니다. 외적 불이익을 당하고 있지만 열정과 의지가 낮다면, 언더독이 아니라 그냥 '희생자victim'일 뿐입니다. 그렇다면 사람들은 왜 탑독이 아닌 언더독을 응원하는 걸까요? 파하리아 교수의 연구 결과에 따르면, 사람들이 언더독 스토리에서 동질감과 자아-브랜드 연결감self-brand connection을 갖게 되기 때문이라고 합니다.

언더독이란 말이 개 싸움을 연상시켜 그런지 스포츠 상황에서 그 의미가 뚜렷해지는 건 사실이지만, '언더독 효과underdog effect'는 정치, 경제, 사회, 문화의 모든 분야에 나타납니다. 수차례의 낙선과 정치 위기 끝에 당선된 대통령,

불행했던 어린 시절과 시련을 극복하고 마침내 대중적 인기를 얻게 된 스타 가수와 배우, 단돈 몇 푼으로 창업을 하여 우여곡절 끝에 세계적인 기업을 만든 사업가 등 언더독 스토리는 셀 수 없이 많습니다. 영화나 드라마의 주인공도 대부분 갖은 구박을 받던 해리 포터나 시합 때마다 눈가가 찢어져 피를 흘리는 록키, 아니면 '재투성이 아가씨' 신데렐라의 가공된 버전일 뿐입니다.

예전에는 자신이 '1등' '최고'임을 주장하는 브랜드가 많았는데, 요즘은 오히려 '초라한 과거 혹은 현재'를 내세우면서 불쌍한 척하는 브랜드가 많아졌습니다. 파하리아 교수는 이런 스토리를 'UBB Underdog Brand Biography'라고 불렀는데요. 돈이 없어 차고(아니면 심지어 침대)에서 창업한 것을 강조하거나, 대기업들의 틈바구니에서 힘겨운 투쟁을 하고 있는 모습을 부각시키면 소비자들의 동정 내지는 응원을 받을 수 있기 때문입니다. 주스 브랜드인 낸터킷 넥타Nantucket Nectars가 "달랑 믹서기 하나와 꿈만 가지고 창업했다"고 하고, 맥주 브랜드 새뮤얼 아담스Samuel Adams가 수많은 소규모 맥주회사는 제쳐 두고 매번 버드와이저로 유명한 앤호이저

부시Anheuser-Busch를 들먹이면서 자신들이 얼마나 어려운 싸움을 하고 있는지 징징대는 이유입니다.

**언더독
마케팅**

오래 전 이야기지만, 에이비스Avis 렌터카의 "우리는 겨우 2등입니다We are only No. 2. " 광고 알고 계시지요? 에이비스의 카피는 언더독의 두 번째 기준, 즉 '열정과 의지'를 담고 있기 때문에 진정성이 느껴집니다. "저희는 정말 1등을 하고 싶거든요. 그래서 (1등 브랜드인 허츠보다) 더 열심히 일합니다We try harder." 광고 이후에도 줄곧 2등을 하고 있어 안타깝긴 하지만(2등을 50년 동안 유지하는 것도 결코 쉬운 일은 아니지요), 그래서 더 팬심이 생겨납니다. 우리나라에도 오뚜기 진라면의 2등 광고가 있었는데요, 배우 차승원의 "이렇게 맛있는데, 언젠가 1등 하지 않겠습니까?"라는 짠한 멘트에 살짝 목이 메었던 기억이 있습니다. 실제로 최근에 진라면은 1등

신라면을 위협할 만큼 격차를 많이 좁혔다고 하네요. 언더독 효과를 국가 간에 비교한 연구는 아직 없지만, 척박한 자원환경과 역경극복의 역사(외적 불이익)를 가진 데다가 삶의 개선의지와 열정이 남다른 우리나라 국민들이 언더독 브랜드를 더 열심히 응원할지도 모르겠습니다.

자신이 약자임을 직접적으로 내세우는 것보다 좀더 세련된 방법이 있습니다. 약자의 편에 서는 것이지요. 브랜드 네임에 '언더'가 들어가서 그런지 '언더독 마케팅'의 대표 사례로 자주 언급되는 미국 스포츠 브랜드 언더아머^{Under Armour}는 스포츠 스타와 스폰서십을 체결하지 않고, 미래 성공 가능성이 있는 유망주나 은퇴 후에도 노력하는 노장들과 계약을 맺는 것으로 유명합니다. 나이키가 '스타성이 없다'며 버린 NBA 선수 스테판 커리는 언더아머와 계약을 체결한 후 프로농구팀인 골든 스테이트 워리어스를 40년 만에 우승으로 이끌었고, '불굴의 의지'의 대명사가 된 커리의 인기와 더불어 언더아머의 인기도 치솟았습니다. 한때 미국 내 아디다스의 매출을 추월해서 언더아머가 탑독이 되는 게 아닐까 우려(?)했을 정도입니다. 언더아머는 다양한 종목의 유망주를 후원하고 있는데, 그중에는 계약 당시 골프 신예였다가 세계 랭킹 2위로 도약한 조던 스피스, 흑인 최초로 아메리칸 발레 시어터 주역이 된 발레리나 미스티 코플랜드, 테니스 선수 앤디 머레이가 있습니다.

지금은 탑독이 된 애플도 언더독 마케팅을 구사하던 시절이 있었습니다. 1984년 매킨토시 컴퓨터 출시를 알리기 위해 만들었던 전설적인 광고 이야기입니다. 이 광고에는 조지 오웰의 소설 『1984』를 연상시키는 독재자(빅브라더)가 대형 스크린에서 연설을 하는 장면이 나오는데, 빨간 팬츠를 입은 여전사가 해머를 던져 인류를 구출합니다. 다윗과 골리앗의 싸움을 연상시키는 이 광고에서 빅브라더는 탑독인 IBM을, 여전사는 언더독인 애플을 상징합니다. 그런 과거가 있던 애플이 탑독이 되어 삼성전자와 특허소송을 벌일 때 유럽과 미국의 일부 언론사는 애플을 '수단과 방법을 가리지 않고 싸우는 추잡한 리더'라고 비난했습니다. 스웨덴의 귀리 우유 브랜드인 오틀리Oatly는 유아 알레르기 등 우유의 문제점을 지적하는 마케팅으로 크게 성장했는데요. "우유는 소를 위한 것, 귀리 우유는 사람을 위한 것"이라는 자극적인 우유 비하 문구에 열 받은 유가공 업체들이 오틀리를 제소하자 오히려 오틀리 매출이 더 크게 올랐습니다. 소비자들이 오틀리보다 200배나 큰 업체의 공격으로부터 오틀리를 지키려 나선 것입니다. 물론 약자라고 무조건 보호하고 강하다는 이유만으로 비난을 받아서는 안 되겠지만, 강자보다는 약자의 편에 서려는 성향은 인간의 본성인 것 같습니다.

인디 브랜드의 성공 조건

소셜 미디어의 힘을 받은 '스몰 인디 브랜드small indie brands'가 약진하고 있습니다. 밀레니얼 세대와 틴에이저는 광고보다 입소문에 더 크게 반응하기 때문입니다. 유명 브랜드를 쓰는 것보다 개성 있는 인디 브랜드를 쓰는 게 훨씬 있어 보이니까요. 그래서 요즘 젊은 세대는 샘소나이트 대신 로우로우를, 노스페이스 대신 칸투칸을, 풀무원 대신 마켓컬리를, 하림 대신 아임닭을, 질레트 대신 달러 쉐이브 클럽Dollar Shave Club을, 델몬트 대신 오드왈라Odwalla 주스를, 파워바 대신 클리프바Clif Bar를, 켈로그 대신 카쉬Kashi 시리얼을 구입하고, (당연히!) 인스타그램에 인증샷을 올립니다. 3천 개의 점포를 가진 파리바게트를 찍은 사진보다 달랑 매장이 4개인 이성당 사진이 SNS에 더 많이 올라오는 걸 생각해 보세요. 요즘 생각 점유율mind share은 인스타그램이 좌우하고, 인스타그래머블한가 아닌가(의역하면 '있어빌리티'가 있나 없나) 하는 것이 브랜드의 생명력을 결정합니다.

인디 브랜드라고 다 잘되는 건 아닙니다. 인디 브랜드가 성공하기 위해서는 뚜렷한 개성과 소신이 있어야 합니다. 빅 브랜드는 대중성, 즉 보편적 어필universal appeal을 가져야 하므로 엣지 있는 컨셉과 강한 개성으로 무장한 인디 브랜드를 당해낼 수 없습니다. 경영학 이론에 '유도 전략Judo strategy'이라는 것이 있는데요, 유도 선수가 상대의 힘에 맞서지 않고 역이용하는 것을 말하는 것입니다(데이비드 요피 저, 『불황을 이기는 유도 전략Judo Strategy: Turning Your Competitors' Strength to Your Advantage』 참조). 스몰 브랜드는 대기업의 덩치와 힘, 규모의 경제를 역이용하여, 시장 규모가 작고 소비자의 취향이 뚜렷한 틈새 시장niche market을 파고들어야 승산이 있습니다. 메디힐 브랜드로 유명한 L&P코스메틱은 뷰티 업계에서 서브 아이템으로 분류되는 마스크팩에 집중해, 누적 매출 14억 장이라는 대기록을 세웠습니다. 요리라면 같은 특이한 브랜드 네임과 독특한 로고, 패키지 디자인은 인디 브랜드가 자신이 틈새 시장 브랜드임을 암시하는 유용한 도구가 됩니다.

언더독 내러티브를 가진 창업주가 있다면 금상첨화입니다. 화장품 업계에 돌풍을 몰고 온 후다 뷰티Huda Beauty는 이라크 출신의 미국인 후다 카탄이 창업했고, 아나스타샤 베벌리 힐즈Anastasia Beverly Hills는 LA의 월세방에서 시작했습니다. 독일 4위 맥주로 성장한 외팅어Oettinger도 변방의 한 마을 외팅엔Oettingen에서 시작한 가족기업인데, 이제는 벡스Beck's, 크롬바커Krombacher와 어깨를 나란히 하고 있습니다. 세계적 브랜드로 성장한 그릭 요거트 초바니Chobani를 창업한 함디 울루카야는 고향 터키에서의 박해를 피해 미국으로 온 이주민입니다.

산타페 내추럴 토바코Santa Fe Natural Tobacco Company는 미국 뉴멕시코 주 산타페의 허름한 창고에서 두 친구가 창업했는데, 유기농으로 재배한 버지니아 담배를 원료로 쓰고 일체의 첨가물을 배제한 내추럴 아메리칸 스피릿이란 담배로 히트를 쳤습니다. '건강 담배(?)'라는 컨셉도 주효했지만, 아메리칸 인디언이 그려진 독특한 패키지는 인디 브랜드의 아우라를 뿜어냅니다. 대강 페일에일로 유명한 국내 수제 맥주 브랜드 더부스도 한의사 출신의 김희윤 대표가 창업했고, 긍정신, 홍맥주, 치믈리에일 같은 독특한 제품명과 팬시한 라벨 디자인으로 큰 인기를 끌고 있습니다. 더부스는 2017년에 홍콩디자인센터에서 주관하는 '디자인 포 아시아 어워드DFA Award'를 수상하기도 했습니다.

언더독이 탑독이 되면
그 후엔 어떻게 될까

인디 브랜드는 서브컬처를 표방하는 경우가 많고, 이른

바 '덕후' 팬들이 많아 빅 브랜드들이 시기하는 동시에 눈독을 들이고 있습니다. 루이비통은 슈프림과 콜라보를 했고, 레브론, 시세이도, 에스티로더는 인디 화장품 브랜드를 대거 사들이고 있습니다. 달러 쉐이브 클럽도 유니레버에 인수되었죠. 식품 브랜드도 마찬가지입니다. 앞서 언급한 오드왈라는 코카콜라, 카쉬는 켈로그에 인수되었습니다. 그런데 대기업에 이식된 인디 브랜드가 그 정체성을 유지하고 고객의 사랑을 계속해서 받을 수 있을까요? 쉽지는 않지만 그렇다고 불가능한 것은 아닙니다.

벤 앤드 제리스는 5달러를 내고 아이스크림 제조 강의를 듣던 두 친구가 (이 창업자들의 이름은 안 밝혀도 아시겠지요?) 1978년 버몬트의 주유소에서 시작한 브랜드입니다. 아이스크림도 맛있지만('체리 가르시아'와 '청키 몽키'는 제가 애정하는 아이스크림입니다), 친환경을 표방하고 사회공헌을 많이 해서 팬들의 사랑을 받던 이 회사는 웰빙 트렌드로 타격을 받아 어려움을 겪다가 결국 유니레버에 매각되었습니다. 그런데 유니레버에 인수된 후 오히려 매출이 3배 이상 늘었고, 2017년에는 하겐다스를 누르고 세계 2위 아이스크림 브랜드가 되었습니다. 인수 시 창업주가 내건 조건이기도 하지만, 브랜드의 초심, 즉 '언더독 비기닝underdog beginning'을 잊지 않고 진정성을 잘 유지stay true했기 때문입니다. 스몰독이 자라면 빅독이 되고, 언더독이 성공하면 탑독이 됩니다. '커지기bigness'보다 '최고 되기bestness'를 추구해야 커진 이후에도 언더독으로서의 열정과 개성을 유지할 수 있습니다.

외적 불이익에도 불구하고 열정과 의지를 가지고 고군분투하는 언더독에게 마지막으로 한 말씀 드리고 싶습니다. 성공한 언더독이 되기 위해서 꼭 필요한 것이 하나 있는데, 그것은 바로 '기다림과 인고의 세월'입니다. '언젠가~' 하면서 우연한 대박과 횡재를 기대하는 브랜드는 언더독이 아닙니다. 언더독은 오직 실력만으로 '역전의 순간'을 준비하고 기다리는 브랜드입니다.

무려 13년간 전국민의 사랑을 받았던 MBC 예능 '무한도전' 기억하시나요? '코리아 스피드 페스티벌'이란 이름의 카레이싱 경기에 나가기 위해 장장 5개월 간의 도전 끝에 결승에 진출한 무도 멤버들. 하지만 결국 레이스를 완주하지 못해 눈물을 흘리며 경기장을 떠나는 그들의 뒷모습에 시청자들은 아낌없는 박수를 보냈습니다. 이른바 '평균 이하' 멤버들의 '무모한 도전'이었지만, 기다림과 인고의 세월 그 자체만으로도 큰 감동을 만들 수 있었던 것입니다.

대한민국의 언더독 브랜드 모두 파이팅입니다!

열정은 타협하지 않는다
타오를 뿐이다
더부스

주류 업계에 비주류가 나타났습니다. 맥주계의 인디 밴드 같습니다. 대기업 브랜드들이 주도하던 국내 맥주시장에 '수제맥주'라는 틈새를 파고든 스타트업 브랜드 '더부스(The Booth)'가 그 주인공입니다.

더부스의 브랜드 키워드는 끊임없는 도전정신인데요. 그 도전은 열정으로 똘똘 뭉쳐 기존의 전통 브랜드들과는 차별되는 확연한 개성을 만들어 냅니다. 독특한 네이밍, 다양한 맥주 맛, 맥주를 재미있게 표현하는 디자인 스토리텔링, 이 모든 것이 더부스가 주장하는 브랜드 개성입니다.

더부스는 2016년부터 '더 비어 위크 서울(The Beer Week Seoul)'이라는 수제

맥주 이벤트도 주최하고 있는데요. 대기업 브랜드가 이 축제를 비슷하게 흉내내자, 순식간에 경고를 날렸다고도 합니다. 이러한 배짱과 패기도 일종의 도전인 셈인데요. 자신들을 지지하는 열광 팬들이 있었기에 가능했던 겁니다. 그런데, 더부스가 평생 열정을 불태워야 할 목표는 따로 있다고 합니다. 바로 '타협하지 않는 맛'이라는 맥주 브랜드의 본질을 계속해서 강화하는 건데요. 이는 치열한 경쟁 시장을 향해 브랜드의 잠재력을 선언하는 강인한 도전장입니다.

이제, 더부스를 창업하신 김희윤 대표님의 이야기를 자세히 들어 보겠습니다.

Q. 더부스가 도전하는 브랜드의 개성은 무엇인가요?

타협하지 않는 맛, 차별화, 재미죠. 이 세 가지가 저희에겐 도전이거든요. 브랜드 효과는 바로 나타나지 않으니까 끊임없이 새로운 도전을 하면 언젠가는 '차별화'라는 자산이 될 거라 생각합니다. 저희 목표는 고객에게 "더부스에 가면 맛있는 맥주가 있지"라는 경험을 제공하는 거예요. 저희에게 왜 안주 메뉴가 적은지 그 이유를 묻는 분들도 있어요. 그럴 땐 "저희가 가장 잘하는 것을 위해 시간을 쓰기 때문이에요. 더 맛있는 맥주를 만드는 것이 우리가 가장 자신 있는 일이고, 가장 잘하고 싶은 일입니다"라고 답합니다.

Q. 각 매장들을 보면 가지각색의 개성들이 돋보이던데 어떤 도전의 의미가 담겨 있나요?

저희의 브랜드 슬로건은 "Follow Your Fun"이에요. 매장을 찾는 고객들에게 '재미'를 주기 위해서는 매장이 위치한 지역 상권을 이해해야죠. 제1호 매장인

경리단은 그 지역 분위기에 맞는 스트리트 컨셉이에요. 커피처럼 캐주얼하게 맥주를 마시는 곳이죠. 강남역은 넥타이를 맨 지친 직장인들이 편안히 쉴 수 있는 캠핑 컨셉, 광화문은 직장인들의 놀이터, 더부스라는 브랜드를 재미있게 체험할 수 있는 곳이에요. 매장마다 즐거움을 주는 정체성은 같지만 컬러가 다르죠.

Q. 더부스를 지지하는 팬들은 어떤 사람들인가요?

맥주의 다양한 개성을 존중하고 늘 도전하는, 호기심이 많은 사람들이죠. "주로 마시던 라거가 아닌 크래프트 비어를 마시는 것도 하나의 도전이다"라고 생각하는 분들입니다. 직업으로 말하자면 주로 20대에서 40대까지 스타트업을 하시는 분들인데, 저희와 생각의 핏이 맞기 때문이에요.

Q. 맥주의 네이밍에서나 맛에서나 개성이 돋보이는데, 어떤 과정을 통해 만들어지나요?

기본적으로 제품이 세상에 말을 하는 방법을 찾아야 한다고 생각했어요. 맥주의 컨셉을 잡고 이름을 만들고 맛을 정교화하죠. 예컨대, '치킨에 가장 어울리는 맥주'라는 컨셉에서 '치믈리에일'이라는 이름이 탄생했고, 블라인드 테스트와 4개월간의 연구 개발을 거쳐 최적의 맛을 만들었어요. 노홍철 씨와 콜라보를 할 때는 그가 긍정적인 마인드를 가진 사람이니까 긍정신이란 맥주 이름을 만들고 단 것을 좋아하는 그 분의 입맛을 살려 고소하고 달달한 향의 레시피를 개발했어요. 맥주의 네이밍과 라벨에서 맥주의 맛과 스토리가 직관적으로 와 닿을 수 있도록 합니다

더부스 로고 및 포스터
로고 캐릭터는 공동창업자 양성후 대표를 모티브로 했고,
맥주를 좋아하는 4차원의 상상가를 외계인처럼 표현하였다

Q. 맥주 맛을 디자인텔링(Design Story-telling)을 한다고 하셨는데 구체적인 설명을 부탁드립니다.

전통 맥주들은 로고를 전면에 내세우거나 헤리티지를 강조하고, 연예인을 이미지로 내세우잖아요. 반면에 저희는 재미있는 맛과 스토리를 디자인으로 표현합니다. 미국의 크래프트 비어 축제에서 느낀 게 있어요. 수많은 맥주 중에 이름도 알려지지 않은 우리가 선택받을 수 있는 길은 '일단 튀고 보자'라는 거예요. 그러기 위해선 라벨 자체가 잘 브랜딩이 되어야 하고요. 라벨 디자인도 중요하지만 그 안에는 우리만의 스토리를 담아야 한다고 생각했죠. 디자인의 전체 정체성은 브랜드 슬로건에 맞춰 '키치' 스타일이기는 하지만 고급스러운 스타일을 지향해요.

Q. 더부스의 대표 제품은 무엇인가요?

국내 수제맥주 단일 브랜드 중 가장 많은 판매량을 기록하고 있는 대강 페일에일이 저희가 가장 대표적인 제품이에요. 더부스의 첫 번째 자체 맥주이자, 더부스 팬들이 가장 좋아하는 '국민 IPA'도 있고요. 최근 미국 시장에서 극찬을 받고 있는 '유레카 서울' 시리즈도 빼놓을 수 없겠네요. 공장에서 찍어 내는 대량의 맥주와 달리, 수제맥주의 대표성을 가지려고 노력한 저희의 대표 브랜드들입니다.

Q. 해외 시장에서도 더부스의 개성을 지켜가나요?

맥주시장에서 최초로 한글 라벨의 맥주를 출시했어요. 해외 매장에 한글로 된 더부스의 맥주를 상상해 보세요. 외국인들에게 한글은 독특한 개성으로 보일

대표 맥주들

대*강 페일에일, 국민 IPA, 치믈리에일, 긍정신 맥주

국립극장의 〈제인 에어〉 공연을 기념으로 민음사와 콜라보한
'제인 에어 앰버 에일'

거라 생각했어요. 실제로도 매우 중요한 마케팅 포인트가 됐어요. 최근에는 미국 홀푸드 마켓에 입점했는데, 수많은 맥주들 중에서 단연 돋보이더라고요.

Q. 경쟁이 더 치열해지고 큰 브랜드들이 공격하는 시기가 오면 어떻게 대처하실 건가요?

더부스를 좋아하시는 분들에겐 이유가 있어요. 쉽게 따라할 수 없는 개성을 만들어 왔으니까요. 무엇보다 맥주의 맛과 품질이라는 본질을 지키며 맛있는 수제맥주의 문화를 선도하고 있어요. 외부 환경에 흔들리지 않고 국내 수제맥주 시장의 변화와 성장에 기여하고 싶어요. 늘 그랬듯, 저희가 잘하는 것을 꾸준히, 누구보다 더 나은 모습으로 해낼 겁니다. 두고 보세요, 2025년에는 글로벌 맥주 100대 브랜드에 진입할 거니까요.

왼쪽 미국에 진출한 더부스
오른쪽 더 비어 위크 서울

언젠가 모 기업의 임원 세미나에서 강연을 한 적이 있
습니다. 강연 전에 대표님 말씀 시간이 있었는데, 그분이 다
짜고짜 임원들에게 "마케팅이 뭡니까? 돈 많이 버는 게 마
케팅이에요!"라고 힘주어 소리치셨습니다. 그날이 제가 강
의하면서 가장 열변을 토했던 날이었던 것 같습니다.

새로운 시대는 마케팅에 성과와 효율보다 사회적 책
임을 요구합니다. 매출보다 소비자의 '행복'을 목적으로 해
야 하는 거죠. 소비자를 행복하게 하는 마케팅은 진심을 다
하는 마케팅이고, 그런 마케팅을 우리는 '진정성 마케팅'이
라 부릅니다. 이 책에 등장한 많은 기업들이 진정성 마케팅

을 통해 소비자의 사랑을 받았습니다. 이제 모두가 이 흐름에 합류해야 합니다.

그런데 '진정성 열풍'을 틈타서 벌써부터 진정성을 훼손하는 일이 벌어지고 있습니다. 캐나다의 철학자 앤드류 포터는 『진정성이라는 거짓말The Authenticity Hoax: Why the "Real" Things We Seek Don't Make Us Happy』에서 위선으로 변질된 진정성 찾기의 사례들을 제시하고 진정성의 남용 가능성을 경고했는데, 참으로 마음에 와닿는 주장입니다. 진정한 자신을 보여 주겠다고 시작했으나 겉멋과 우월의식으로 물든 소셜미디어, 관광객용으로 '개발'된 전통문화, 각본대로 만들어지는 '리얼리티 쇼' 등이 그 예입니다.

잘못된 마케팅으로 고객이 브랜드를 떠났습니다. 오해나 실수로 변심한 연인을 돌아서게 하기 위해 '진심 어린 소통'이 필요하듯, 기업들도 진정성 마케팅으로 고객과의 관계를 회복해야 합니다. 잠깐 가슴에 손을 얹고 생각해 보세요. 진심으로 그렇게 히고 싶으신가요? 아니면 진정성 마케팅을 이용해서 실적을 올리고 싶으신 건가요? 진정성에 대한 '전략적' 접근과 비뚤어진 진정성 캠페인은 또 다른 환멸을 불러올 뿐입니다.

진정성 마케팅은 유행이나 트렌드가 아닙니다. 패러다임의 변화입니다. 교묘한 술수와 전략으로 소비자를 꼬드기는 마케팅은 갔습니다. '진짜 나다운 것 true to myself'이 무엇인지 고민하고, 본질에 집중하여 실제적인 가치 real value를 만드는 마케팅만 살아남을 것입니다. 진정성 마케팅은 인간적인 브랜드가 되는 것을 목표로 합니다. 탄생 스토리가 있고, 실력이 있으나 겸손하고, 따뜻하고, 쿨하고, 열정이 있고, 사회적 이슈에 공감하고 소통하는 브랜드 말입니다.

당신은 누구인가요? 당신의 브랜드 사이트와 광고를 한번 찬찬히 살펴보신 후에 이 책을 처음부터 다시 읽어 보세요. 그리고 이번에는 당신 브랜드의 '참모습'을 발견하시기 바랍니다. 당신의 눈이 멈추고 마음이 가는 곳에 당신이 있을 것입니다. 당신이 원하는 자신의 모습을 선언하고 Say who I am, 그 모습을 지키기 위해Be who I am 최선을 다하시기 바랍니다.

KI신서 8075

끌리는 브랜드를 만드는 9가지 방법

진정성 마케팅

1판 1쇄 발행 2019년 3월 25일
1판 7쇄 발행 2023년 5월 19일

지은이 김상훈 · 박선미
펴낸이 김영곤 **펴낸곳** (주)북이십일 21세기북스

출판마케팅영업본부 본부장 민안기
출판영업팀 최명열 김다운
제작팀 이영민 권경민

출판등록 2000년 5월 6일 제406-2003-061호
주소 (우 10881) 경기도 파주시 회동길 201(문발동)
대표전화 031-955-2100 **팩스** 031-955-2151 **이메일** book21@book21.co.kr

(주)북이십일 경계를 허무는 콘텐츠 리더

21세기북스 채널에서 도서 정보와 다양한 영상자료, 이벤트를 만나세요!
페이스북 facebook.com/jiinpill21 포스트 post.naver.com/21c_editors
인스타그램 instagram.com/jiinpill21 홈페이지 www.book21.com
유튜브 www.youtube.com/book21pub
서울대 가지 않아도 들을 수 있는 **명강의!** 〈서가명강〉
유튜브, 네이버, 팟캐스트에서 '서가명강'을 검색해보세요!

ⓒ 김상훈 · 박선미, 2019

ISBN 978-89-509-8032-0 03320